Recueil de Poèmes

Recueil de Poèmes

Copyright © 2024 by Jean René Bazin PierrePierre. All rights reserved.

No part of this publication may be reproduced, stored in a retrieval system, or transmitted in any form or by any means, digital, electronic, mechanical, photocopying, recording, or otherwise, or conveyed via the Internet or a website without prior written permission of the publisher, except in the case of brief quotations embodied in critical articles and reviews.

ISBN: 979-8-9892304-9-5 (hardcover)
          979-8-9892304-8-8 (paperback)
          979-8-9888051-5-1 (ebook)

Printed in the United States of America

Recueil de Poèmes

Jean René Bazin PierrePierre

Table des matières

Avant-Propos 2
Comme 3
Un mot tendre 5
Fou ou Sage 6
De par les siècles. 7
Mon petit amour 8
A toi. 9
Pensées 11
Mémoires 14
Je m'en irai 15
St Georges 16
Le temps. 19
Noires pensées 21
Les jours ouvrables de l'amour .23
Tes lèvres 25
A ma Junie 26
Morceaux 28
L'oreiller 32
Rencontre 33
Ô toi 35
Etat d'âme 36
A ma soeur 40
Rires et pleurs. 41
Jolie 42
Prie. 44
Il me conduit 45
« Je dirais même plus » 47
Très jolie. 49
Seigneur, la prière. 52

Mon amour	54
Murir	56
Enfin, te voilà	59
Il faudra	60
4 Karpas	62
Sans toi	64
Crois moi	66
Si	67
Sine qua non	69
Algrange	70
Soixante dix sept fois	72
Donner	73
Sages pensées	75
Solitude	76
Fin de journée	77
Toi	78
Mon horizon	79
Penser à toi	80
Ta Parole	81
Drôle d'histoire	82
Minuit	85
Le guide	86
Si demain	88
A mon fils	90
Pluies	92
Cours ma lettre	94
Doux aveu	96
« Love for love »	97
Le soir	98
Et quand enfin nos mains se touchent…	99
Il ne faut pas	102

Tombe la neige	104
« Daily walk »	105
L'amour du bon Dieu	106
Lamentations	108
Quand ma muse s'endort	109
Mon bel ange de vie	110
Méditations	111
Le lendemain	113
Le dimanche	114
Chanson d'amour	115
Prière de toute heure	116
Ami	118
Vie d'amour	119
Tu rêvais	120
Dolor	121
A l'apôtre	123
Soudainement	125
Quand vient la fin	126
Plaintes	128
L'amour et la haine	129
« Indwelling »	130
Mon poète préféré	131
Mon Dieu	134
Toi vers qui mon coeur tend	135
Un crime	137
Toi que le ciel m'a volé	138
Tempête	140
Notre amour	141
Mon cauchemar	142
Premier baiser	144
La solitude	146

Appel	149
Notre Dieu	150
Sentence	151
A toi maman	152
Pluies de roses...Pluies d'amour.	155
Si un jour	158
Mains séparées	159
Nos pleurs	161
Dis-donc	162
Lune de miel	163
Espérer et aimer	165
Mon sort	168
Drôle d'inspiration	169
Ne pleure pas, mon cœur	171
Espère	172
Nos blessures	173
La plume du penseur	174
Ecoute	175
La traversée	176
Jours et nuits	178
Changement	179
L'amour	180
Ma muse	183
La vie	184
Le jardin de mon âme	185
Fleur de Mai	187
Demain	188
Mère Du Seigneur	192
Dictons mémorables	194

Avant-Propos

De part et d'autre de ce monde, il y a des milliers de bâtons.
Ils sont passés de mains en mains au cours de siècles, entre les générations. Certains sont rejetés, bon nombre sont acceptés et portés comme des croix. Certains encore sont chéris quand ils sont reçus et en effet, fructifient sous des soins chaleureux qu'ils reçoivent jour et nuit. Mon bâton m'a été passé et il n'y avait pas moyen de m'en défaire car je ne l'ai même pas vu venir. Mais il m'a apporté des trésors. Sa seule réclamation était que je me tienne seul. Le tête à tête était impératif. C'était la condition sine qua non pour développer ce que j'avais reçu. Oui il y eut de grands sacrifices. Oui il m'a fallu apprendre à broyer des heures sombres et surtout apprendre à écouter parler le silence. Oh!
Mais qu'elle douce voix il a!
En lorgnant par moment, au dessus de mes épaules, je réalise le Génie qui a opéré ce théâtre et je dois avouer que ces instants de profonde solitude me manquent.
Mais le résultat est clair et positif. Et c'est à vous, mes chers amis, que ce dénouement est offert, de pages en pages, à travers ce livre qui veut décrire de façon humble mais claire, la vraie nature de mon bâton.

Comme

Tout comme le matin avec ses pinceaux d'or,
Vient parer la Nature de merveilleux attraits,
Comme une symphonie, au cœur donne l'essor,
Comme un chagrin d'enfant quand maman n'est pas près,

Comme le vent du Nord avant la douce pluie,
Comme un sourire d'enfant lorsque revient maman,
Comme la Nature s'endort quand vient la nuit,
Comme des gerbes d'or nous provient le froment,

Comme la vaste mer garde tous ses secrets,
Comme le chant d'oiseau rappelle le matin,
Comme le grain semé profite de l'engrais,
Comme aussi du don juan, l'écrasant baratin,

Comme la rose croît au milieu des épines,
Comme le papillon sort de sa chrysalide,
Comme celui qui dort sans qu'il le sache, dîne,
Comme le front des vieux sous les années se ride,

Comme le bleu du ciel se perd à l'horizon,
Comme tous les oiseaux, quand s'amène l'hiver,
S'étirent vers le Sud, en grandes formations,
Comme au journal du jour, le flot de faits divers,

Comme des flots de mer se berce la nacelle,
Comme du haut du Ciel nous provient le support,
Tout comme le pantin répond à la ficelle
Je suis à ta merci, comme d'âme et de corps.

Comme l'envie d'aimer revient au cœur blessé,
Comme le monde entier danse aux airs du printemps,
Comme les amoureux ont le cœur enlacé
Ainsi autour du mien ton cœur en fait autant.

Un mot tendre

Le mot tendre vient sans appel,
Il vient se poser sur le front,
Ce front souillé et dont les ailes
Sont cassées par bien des affronts.

Il apporte l'amour qui calme
Les soucis de son train de vie,
Lui faisant percevoir la palme
Que sans le vouloir on l'envie.

En retour il veut un sourire,
Au moins son ombre dans ses yeux.
S'il lui arrache d'autres soupirs,
Ça lui rendrait bien malheureux.

Le mot tendre vient faire amende
Et veut effacer tous les torts.
Il sait que quand la peine est grande
L'amour est l'unique renfort.

Alors il vient et il soulage
En rendant le cœur plus léger
Car du bon Dieu il vient en gage
Des croix qu'IL lui veut alléger.

A Marijune

Fou ou Sage

Rendez-moi fou, rendez-moi sage,
Je tournerai toujours les pages
De ce beau livre de nous deux
De nous quand nous étions heureux.

Rendez-moi fou, rendez-moi sage
Les méfaits de notre jeune âge
Nous laissent des mers de regrets
Qui nous ternissent les attraits.

Donc je m'assiérai bien au chaud
Avec mon verre de Cointreau
A ruminer tout doucement
Le triste sort de nos serments.

Rendez-moi fou, rendez-moi sage
Malgré cet affreux, long voyage
Qu'entreprit mon cœur misérable
Il ne sera jamais capable

De connaitre un plus grand amour
Et prendre son vol un beau jour.
Il restera là dans ta cage
Que l'on me rende fou ou sage.

De par les siècles

Comme dans l'temps,
Comme à présent
L'astre de nuit
Dans le ciel luit.

Comme dans l'temps,
Comme à présent,
Boivent les cœurs
Joies et malheurs.

Mon enfant ainsi je te dis,
Qu'ici-bas rien n'est inédit.
Tout ce qui te flatte les sens
Tes aïeux l'ont connu d'avance.
Et les enfants de tes petits
S'en émerveilleront aussi.

Comme dans l'temps,
Comme à présent,
Sous un ciel bleu
On est heureux.

Comme dans l'temps,
Comme à présent,
Les cœurs d'amour
Jouiront toujours.

A Erjola

Mon petit amour

Toi mon petit amour,
Mon bel ange d'amour,
Tu m'inspires la vie,
Tu m'enseignes le plus beau des chants d'êtres ailés,
Tu m'enchantes le cœur par tes doux mots à fleurs,
Tu me ravis le souffle par tes baisers de printemps.
Ta voix semble porter
Des notes éthérées
Qui rappellent à mon âme
Cet air de Notre-Dame.
Tes yeux de primerose
Qui disent tant de choses
M'enrobent de douceur
Par leur calme rieur.
De tes menottes la suavité
En tout instant me tient menotté,
Apaisé, enchanté, exaucé à tes côtés.
Je ne vis que pour le moment
Où sur moi tendrement
Tu poseras ton doux regard
Qui m'est devenu un rempart
Gardant tous mes espoirs
Qui, loin de décevoir,
Se sont concrétisés
En ta douce beauté.

A toi

Mais quand tu m'es venue, je n'ai rien vu venir,
Ou du moins j'osais pas même à moi me le dire ;
Jamais j'en aurais pu oser.
Dès le premier regard, dès le premier dialogue,
L'accord était scellé, comme un subtil prologue
Au temps passé à se causer.

Tout était dévoilé, âme à âme, sans retient,
On se sentait trop proche, on se sentait trop bien.
La longue attente nous plaisait.
Mais au dessus de tout naissait l'admiration,
Précurseur de l'amour, éclipsant la raison,
Autour de nous tout s'apaisait.

Dès lors naquit en nous ce doux et chaud élan
Qu'aucun dieu sur terre, ni même un pan volant
N'en eut pu retenir le cours.
Tu sus découvrir là qu'une âme s'enlisait,
A son secours tu vins et comme elle glissait,
Ange, tu changeas son parcours.

Jamais tu ne sauras, sensée que tu puisses être,
Ce que tu me remis, et que tu fis renaître
Dans mon cœur de tendres tourments.
Mais quoiqu'on fasse ou dise, en cette vie actuelle,
Jamais nous ne lirons de l'amour ce manuel
Et jouir de ses doux moments.

De ma mère

Pensées

Quand pour toi aura sonné l'heure
De fuir cet exil où l'on pleure,
Mon cœur quitteras-tu ce monde
Avec une peine profonde?

Qu'importe le souci du thème mystérieux,
L'issue de ce voyage vers l'au-delà voilé,
Si fécondée d'amour la foi te mène à Dieu,
Dispensateur des fruits de l'espérance ailée!

Vole après cette paix que tu crois ineffable,
Sans évoquer ce que tu fus ou que tu laisses.
Vole, oublie la terre et sa puérile fable
Qu'on lit un bref instant et que vite on délaisse...

On vient un jour pour voir sur l'écran de ce monde
Du bien contre le mal la lutte interminable.
Un conflit sans merci du mensonge qui sonde
Et de la vérité, cet abîme insondable.

Le bonheur de sentir fait aimer la lumière
Au feu des vanités dont la terre est remplie.
Le cœur fond tel la neige aux cimes altières
Sous les traits rutilants du grand astre de vie.

A la création, l'homme créé demande:
« D'où viens-tu? Qui es-tu? Où conduisent tes pas?
Es-tu l'œuvre du Bras que le sage appréhende? »
De chercher sans succès, déjà il est bien las.

Quand donc il a parlé, l'amour seul lui répond.
L'amour dont l'écho vibre en ce terme « souffrance »
Et qu'on l'admette ou pas, notre néant profond
N'a de sens ni ardeur qu'en cette équivalence.

Tu auras vu souffrir et tu auras souffert,
Tu te seras penché sur toutes les douleurs.
La douleur est le sceau de ce vaste univers,
Ses cris auront trouvé leur écho dans ton cœur.

Car l'unique beauté du fugace séjour
Que l'on fait ici-bas, son unique pourquoi
Est dans l'expression du fraternel amour
Qu'on nomme humanité, qui nous est une loi.

L'humaine charité, cette étincelle d'or
Parvenue jusqu'à nous de la braise divine,
A l'homme se révèle et l'homme dit: « Encore
Que je n'entende point, Seigneur, mon front s'incline ».

Oui tu auras souffert, surtout si de ce feu
Trop ardent d'idéal qui te consume, ô cœur.
L'étincelle n'aura fait briller d'autres yeux
Et ta voix résonner dans d'autres âmes-sœurs.

Peut-être de la vie n'auras-tu pu bercer
Que d'infidèles cœurs; fais et ne gémis pas.
Aux ronces du sentier tu peux bien te blesser.
Passe ces durs chemins, n'y traine point les pas.

Passe et fais ton devoir, c'est l'unique avis sage.
Aime le Vrai, le Beau, le Grand, aime Dieu même.
Le jeu du temps finit sur un éternel gage
Et la peine n'est rien près de l'honneur suprême.

Des pleurs ont annoncé ta venue ici-bas,
Des pleurs arroseront tes pas dans cet exil.
Dans ce monde où tout meurt, lorsque tu t'en iras,
Des pleurs, toujours des pleurs diront: « Où donc est-il? »

Sache que ce chaos habile à t'éblouir
N'a ni durée ni fond et qu'en vain il te leurre,
Que l'homme sur la terre est placé pour souffrir,
Que Dieu est Vérité, seul Amour et demeure.

Comme d'un exil où l'on pleure
Vole mon cœur, d'ailes légères,
Sans regret loin de cette sphère
Quand pour toi sera venu l'heure.

✷✷✷

Mémoires

Rappelle-toi toujours
Ton temps de grand amour.
Quand t'en seras à court,
Sombres nuits, tristes jours,
En les mettant au four,
Tu auras en retour
Des mémoires d'amour

Je m'en irai

Je m'en irai les poings serrés,
Je m'en irai, je m'en irai.
Je m'en irai un jour d'été,
Je m'en irai désabusé.
Voilà bien longtemps que déjà
Le son timide de tes pas
Qui souvent m'apportait la joie
Aujourd'hui me laisse très froid.

Je m'en irai donc dégouté,
Sans amour mais en liberté.
Je m'en irai humant l'air chaud,
Libéré enfin du cachot
Que ta malsaine société
Me fabriquait de tous côtés.
Je m'en irai laissant tes sous
Qui m'incarcéraient comme un fou.

Je m'en irai sans laisser trace
Car il faut bien céder la place
Quand le bonheur trop maltraité
Ne se laisse plus acheter.
Et comme il faut que le soleil
Apporte à chacun son éveil,
Un jour d'été, les poings serrés,
Tout plein d'espoir je m'en irai.

St Georges

Eh bien me voici à nouveau
Aux portes d'un nouvel amour.
Hiver tempéré mais temps beau,
Tout comme l'on compte à rebours,
Sous le ciel de la ville Aubourg.

Et ça sent la douce lavande,
Ça vient comme pluie sur mois d'août.
Ça vient et que mon cœur répande
Son beau sourire de partout;
Et qu'on me prenne pour un fou.

J'ai comme peur de visiter,
L'anticipation à la gorge,
Ses ruelles et parcs de cité
Car tout au fond de moi se forgent
Des rêves d'or, ô mon St Georges!

De votre ciel où vous veillez
Et qui voyez tous ces cœurs battre,
De douceurs d'amours, imprégnez
Le mien, le sien et qu'un d'ces quatre,
Ils entament un beau théâtre.

Et je me perds dans ces grands yeux
Qui me regardent, inquisiteurs,
Mais qui m'emportent vers des lieux
De mains sur hanches et de douceurs,
A faire chanter tous les chœurs.

J'aurais voulu, j'aurais voulu
Rien que pour ces grands yeux troublants,
Avoir moins d'années résolues,
Aussi des cils un peu moins blancs,
Pas avoir à faire semblant.

Mais le Ciel dicte tous les cœurs
Qu'ils battent ici ou par là.
On poursuit toujours l'âme-soeur
Après avoir vu son éclat,
A moins que de vivre on soit las.

Oui tu es cette douce rive
De cette mer chaude et profonde
Où mon cœur va à la dérive
Bercé par la langueur des ondes,
Te chercher au bout de ce monde.

Rien, je te dis, ne m'est plus doux,
Rien, en ce monde où je chemine,
Hormis tes yeux me rendant fou,
Que ton doux nom que me domine;
Rachelle à la main douce et fine.

Je peux laisser parler ma plume
Qui reflète mon cœur qui bat
Mais de ton cœur la fine brume,
Nous en trancherons les débats
En route vers ton Pays-Bas.

Le temps

Comme il le fait depuis toujours
Le temps se rit de nos amours,
Et tous nos efforts enlacés
Ne sauront le désamorcer.

Là, toute seule sur la table
Ma main qui cherche encore tes doigts
Trouvera pauvres et lamentables
Tous ces rêves de toi et moi.

Il a fallu tant de prières,
De suppliques désespérées
Pour qu'enfin tu reconsidères
Cette sentence prononcée.

Nous avons eu des temps d'orage
Et des jours de tendre accalmie
Mais dans la vie pour être sage
Il nous faut tout, beauté hormis.

Ainsi tous nos châteaux de sable
Fondirent sous une seule vague
Et nos accords si délectables
Devinrent des sons en zigzag.

Et nous voici désemparés,
Rompus, fourbus, tout atterrés
Parce que le temps depuis toujours
En lutin se rit de l'amour.

***

A Marijune

Noires pensées

Si un jour je te dis, reviens-moi, je t'en prie
Et qu'au fond de ma nuit mon espoir s'épanouit
J'aimerais que ton âme aux esprits de merlot
Relève son voile sans prononcer un mot.

La jeunesse, le froid, le paradis, l'ennui,
L'avalanche, le fort, le ciel épris aussi
N'ont pas de traits communs, divers dans le bon sens;
Certains sont très banals, d'autres inspirent croyance.

Tu ne sauras jamais et cela j'en suis sûr
Ce que ne pas t'avoir peut être affreux et dur.
La mer sans le bateau et le ciel sans étoile,
L'arbre sans le moineau et la barque sans voile

Mais voilà je m'assieds, oui, faute de m'étendre.
J'aurais voulu aussi, sous de soins chauds et tendres,
Ne pas me déplacer, ni manger, ni dormir,
Rester là, végéter puis tristement mourir.

Car la vie que l'on vit, pauvre et sans un amour
Est un calvaire d'homme aux goûts de fins de jours.
Il va tranquillement, sans l'aide souveraine
D'un bon samaritain, d'un Simon de Cyrène.

Ce n'est jamais prudent, à moins d'être Ikari
De perdre son amour, mieux être hara-kiri.
Car bien après avoir tant donné de son être,
Comme meure un vieux chien, on s'étend, cesse d'être.

Les jours ouvrables de l'amour

*J'ai une date d'expiration
Plaquée sur mes élans de cœur.
Dieu sait quelle grande affliction
M'éprend quand en arrive l'heure.*

*Adieu caresse et mots d'amour,
Pas de tendresse et tasse de thé.
L'air qu'on respire nuit et jour
Est dénué d'élans entêtés.*

*J'ai beau croire que c'est passager,
Un froid glacial perce la porte.
On dit rien, on craint tapager,
La tolérance nous dit « qu'importe ».*

*Le silence offre, non invité,
Du tabac et du vin trop jeune.
L'état d'âme mis en liberté,
Se fout pas mal qu'on ne déjeune.*

Si par malheur y a biens communs
On s'maudit d'avoir hérité
Car ç'eut été moins opportun
Eussions-nous frôlé pauvreté.

Et l'on se dit des choses étranges
Venues d'un fort qu'on connait pas.
L'âme que vol solo démange
Revêtit de méchants appâts.

On s'en fout bien qui est coupable;
Le temps des pleurs est loin déjà.
On égorge les questions minables
Qui nous assaillent çà et là.

Alors blasés, on ferme les portes
Des bazars des tous premiers jours
Et l'on balaye comme feuilles mortes
Les jours ouvrables de l'amour.

A Marijune

Tes lèvres

Et je rêve, je rêve
De t'avoir dans mes bras
Mais quand le jour se lève
Ton sourire s'en va.

Quand vaincu je soulève
Mon corps ému des draps
Cherchant toujours me trêve
Qui ne me revient pas,

Je ressens cette fièvre
Pourtant ne devrais pas
Rêver tant de tes lèvres
Si loin de moi déjà.

Mais malgré moi je rêve
Et n'en finirai pas.
Car un jour, de tes lèvres
Je goûterai les appas.

A ma Junie

Viens, ma belle enfant, viens,
Viens donc tout près de moi.
Tu t'appliques trop bien
A causer mon émoi.

Je pense tant à toi
Que le souffle me manque
Car bien où que tu sois
Ma pauvre âme te flanque.

Tu es mon horizon,
Le soleil de ma nuit
Et comme un oisillon
Je ne laisse ton nid.

Tu me teintes les rêves
De doux enchantements,
Ne me donnes pour trêve
Que de jours très charmants.

Je remercie le ciel
De m'avoir conservé
Ce trésor essentiel,
Cette moderne fée.

Viens donc, ma jolie, viens.
Viens compléter ma vie.
Je veux demeurer tien,
Nos deux âmes unies.

***

Morceaux

J'avais un jour deux tourterelles,
Plumage blanc, plumage roux.
Dire laquelle était plus belle
Déchirerait mon cœur d'un coup.

A toi qui tente jours et nuits
De te sortir de tes misères
Essaie aussi en ce jourd'hui
D'ôter la haine sur la terre.

Tu peines, luttes et tu t'éreintes
A te faire un banc au soleil,
Vois, les étoiles brillent et teintent
Sans effort la voûte du ciel.

Avant de lui faire la cour
Nettoie dedans comme dehors.
Tu ne t'offrirais pas d'amour
Précurseur d'un si vilain sort.

On va danser, on va s'aimer
Trop bien imbus des conséquences.
On a dansé, s'est trop aimé,
Laissant notre vie à la chance.

―――

Et puis un jour tu comprendras
Ces mots de sagesse adressés.
Ton lendemain décidera
Des sentiments sur ton passé.

―――

Et il faut croire au lendemain
Car il appartient au bon Dieu.
Quand le soleil laisse les cieux,
Prie qu'Il te donne ton matin.

La vie de l'homme est une croix
Fabriquée aux jours de jeunesse.
Il la porte suivant le poids
Maudissant ces vieilles faiblesses.

―――

C'est toujours comme on fait son lit
Qu'en fin de journée on se couche.
Ne permet pas qu'en pleine nuit
D'affreux cauchemars te découchent.

―――

Aujourd'hui l'oiseau a chanté,
Air de gaité, air de chagrin.
Qui donc pourra interpréter
Son adresse à l'Esprit divin?

―――

L'art d'être bon chrétien
C'est d'aimer son prochain
Mais servir les humains
C'est aimer le divin.

S'impatienter, s'impatienter
Ne hâtera pas le soleil.
Il n'apportera sa clarté
Que dessus ton sombre sommeil.

Ta façon de penser pessime
Te dérobera toutes grâces,
Tes alentours que tu déprimes
De ton coeur ressentent la glace.

Tes yeux de vert de jade sombre
Promettent tant, refusent tout.
Chasse de ton cœur la pénombre
De ce doute qui me rend fou.

L'oreiller

Cet oreiller que tant j'étreins
Parle des senteurs de tes seins.
Mon pauvre cœur qui défaillit
Me redit que tout est fini.
Et ce cauchemar insensé
Me revient droit à la pensée.

Alors sans en faire autrement
Je me retourne au bois dormant.
Mieux vaut rêver de ta douceur
Que de passer ces jours en pleurs...
Et l'oreiller qui en témoigne
S'en réjouit quand nos mains se joignent.

Rencontre

Elle était belle et simple,
Bien plus belle que simple.
Elle n'avait auprès d'elle
Aucun ami fidèle
Car quand on est si belle
C'est parfois dangereux
Et ça cause souvent
Trop de malheurs aux gens.
Mais elle était si belle
Que je m'approchai d'elle.
Alors elle sourit
Et j'en fus tout ravi.
Pourtant je restai là
A me mordre les doigts
N'osant ou ne pouvant
Bien des heures durant
Lui avouer de mon cœur
Les joies ou les douleurs.

Elle se retourna
Et tendrement posa
Sur mon être timide
Un regard si limpide
Que j'y vis au-dedans
Tous mes rêves d'enfant.
Elle dis: « N'aie pas peur
« Tu l'auras ton bonheur.
« Mais comme c'est ton sort
« Tu attendras encore.
« Mais ne perds pas l'espoir
« En tes rêves il faut croire ».

A Marijune

Ô toi

*J'arriverai toujours, j'arriverai encore
Aux portes de ton âme, ô toi, mon seul trésor.
Je sais que le silence qui m'accueille la nuit
Est ambiance choisie quand mon âme te suit.*

*Pourquoi me sentir seul lorsque j'ai tout de toi,
Le sourire si doux, les senteurs et la voix
Et comme m'enterrer tout au fond de mon for
Quand la vie s'évanouit, je t'arriverai encore.*

A Marijune

Etat d'âme

Dans les couloirs de ma nuit sombre
Je tâtonne dans la pénombre
Cherchant toujours, cherchant encore,
Les senteurs douces de ton corps.

L'effroi qui me broie les viscères
Annonce à mon âme en chimères
Que le temps qui lui reste à vivre
Elle le passera sous givre.

Péniblement, de corps et d'âme,
Presque vivant ce triste drame,
Je cherche dans ma nuit profonde
Mon âme sœur qui me féconde.

Soudain en moi je sens jaillir
La pensée que tu pourrais jouir
De ce désarroi de dément
Qui me guette furtivement.

Car hier encor tu étais là,
Maîtresse de mon Pays-Bas.
J'avais la vie, l'amour heureux,
Et tout mon ciel bleu dans tes yeux.

J'ai beau franchir ce mur de pierres,
Je me trouve encore en arrière.
Mes pas de plomb tout pleins de peur
Me font perdre notion de l'heure.

Mais je cherche et franchi encore
Ce déjà familier décor.
Mon souffle que mon cœur chevauche
Caractérise la débauche.

Oui tu « strollas » en maintes fois
Dans mon psychisme gris et froid.
Oui, j'ai humé ton parfum clair
Mais ne vis poindre aucune terre

Sur cette mer à vagues noires
Qui devrait noyer mes déboires
Mais les berce à n'en plus finir
Pour que mon état d'âme empire.

Et là tout seul dans ma nuit noire
Je constate sans le vouloir
Que malgré mes efforts amers
Je ne verrai plus ta lumière.

Je t'ai perdue, toi et ton ombre
Dans mon labyrinthe trop sombre.
Je m'y perdis, faute d'Ariane,
Qui pour moi de fil fut en panne.

Panne de vie, panne d'amour,
Panne de ciel bleu tous les jours,
Panne de senteurs de ton corps,
De ce fil que je cherche encore...

Mais si tu vois par ta fenêtre
Une ombre errant, cherchant son maître,
Dépourvue, ayant perdu l'Nord,
Ne t'amuse pas de son sort.

Car les couloirs de ma nuit sombre
Où erre seule ma pauvre ombre,
Sont mon âme avec son linceul
Depuis que tu l'as laissé seul.

A ma soeur

Je t'écris, chère sœur, je dois te remercier
De ces trois tomes de maître de la poésie,
Lui qu'avec tant d'efforts, durant tous ces étés,
Maman, trop bien imbue déjà de ses écrits,
Avait tout essayé de nous faire avaler.

Fallu-t-il donc, ma sœur, qu'après avoir vécu
Tant de hauts et de bas, oh ça j'en ai bien eu,
Fallu-t-il qu'arrivé à ce point de ma vie
Il m'advienne d'oser ce qu'elle a réussi?
Il n'est jamais trop tard pour bien recommencer.

Ainsi la lecture des vers de ce grand maître,
Lui pour qui l'art d'écrire était tout naturel,
Fait tout au fond de moi jaillir ou du moins naître
Cet élan inconnu, cette chaleur nouvelle
Qui fait sur le papier la plume s'élancer.

Mais là, vive Maman! Je ne sais pas encore
Si je devais aussi lui attribuer ce coup.
Ça lui ferait plaisir, je crois bien voire éclore
Son sourire gagnant. Elle a bien des atouts.
Ses futurs poètes, en serais-je le dernier?

Bref je te remercie toi qui tout bonnement
A su si vitement me faire parvenir
Ces beaux livres restant, présent et avenir,
Ma lecture choisie, mon délice, autrement.
Dieu seul sait ce que ça un jour pourra donner.

Rires et pleurs

Je t'aimerai toujours d'un amour infini,
Je t'aimerai toujours jusqu'au bout de ma vie,
Je t'aimerai encore quand il n'y aura plus toi
Mais rien qu'un corps glacé, je t'aimerai, crois-moi.

Car la vie nous enseigne par maintes douleurs
A se communiquer par rires et par pleurs.
Je t'aime à en mourir, toi et ton rire d'ange,
Je t'aimerai encore avec pleurs en échange.

Jolie

Jolie, comme tu es jolie
Jolie comme une rose
Jolie comme l'azur
Jolie comme le ciel
D'un de ces bleus si purs,
Jolie comme la nuit sous un ciel étoilé,
Jolie comme l'oiseau quand il prend son envolée,
Jolie, oh si jolie
Jolie même sous la pluie
Jolie comme l'envie
Au point d'être assouvie,
Jolie comme le lit
Après une nuit d'amour,
Jolie comme la nuit
Rencontrant un beau jour,
Jolie comme l'enfant
Rayonnant d'innocence,
Jolie comme l'amour
Jolie comme la vie,
Jolie comme une nuit de Noël
Jolie comme un bel arc-en-ciel
Jolie comme la veille du jour
Où je te rencontrerai

Jolie mais plus jolie qu'avant
Jolie comme le soleil levant,
Jolie comme si les vicissitudes
T'auraient adorné de beauté,
Jolie en toute plénitude,
Des parures dont tu es dotée,
Jolie, mais si jolie pour moi
Que j'en ai le souffle coupé
Jolie aussi comme la foi
Qui à l'âme triste donne à souper.
Ainsi tu resteras jolie
Comme le jour, changeant de teint,
Toi mon trésor, toi ma folie,
Toi maîtresse de mon destin.

Prie

Prie donc mon enfant, prie quand tout te parait sombre,
Quand du train de la vie sous le poids tu succombes.
Car lorsque du bon Dieu le festin est servi,
Faut que de ton âme tu ouvres les replis.

Il n'est pas à chacun donné le privilège
D'ouïr du divin Chef le doux appel d'amour
Invitant le pécheur si faible et pris au piège
Des désirs de la chair qui l'assaillent toujours.

Nos âmes assoiffées de célestes gourmets,
De divins hors-d'œuvre ne refusent jamais.
Elles viennent à genoux, épuisées et à bout
Pour être fortifiées par Son Amour si doux.

Un jour tu comprendras, après tant de faux pas,
Un certain jour de joie, combien ton doux Sauveur,
Qui souffre jours et nuits des mépris de ton cœur,
Veut offrir Son Amour, te prendre dans Ses bras.

Lui qui t'avait créé, en premier lieu, divin,
De la même espèce dont sont fait tous les anges,
Il faudrait pour cela Lui chanter des louanges
Et Lui dédier aussi ta vie jusqu'à la fin.

Prie donc, mon enfant, prie car le bon Dieu là-haut,
Lui qui a tout créé pour ton enchantement
Saura, je t'assure, te donner simplement
Tout c'qui a de plus saint, de plus pur et plus beau.

Il me conduit

Quand au petit matin Il fait entendre sa Voix,
Je sais qu'Il a déjà tout préparé pour moi,
Là je me lève alors prêt à porter ma croix,
Il me conduit.
De mon corps écrasé dont je ressens les cris,
Il est dur d'ignorer les plaintes d'aujourd'hui.
Pour Son aide divine tout bas je Le supplie,
Il me conduit.

Il me conduit
Et dans mes peines quotidiennes j'espère en Lui.
Il me conduit
Et soudain sur moi Sa lumière luit.

Alors au fond de moi je porte dans les rues
L'amour dont il me couvre depuis qu'on s'est connu,
Je le sème partout malgré les imprévus,
Il me conduit.
Quand tout ce que j'entreprends me semble interdit,
Quand je ne trouve plus l'appui de mes amis,
Quand le poids de mes peines me trouve abasourdi,
Il me conduit.

Il me conduit
Bien qu'il n'y ait pas de certitude sur mon lendemain,
Il me conduit
Moi je garderai ma main dans Sa main.

Et quand le jour décline sur ma triste corvée,
Que malgré mes efforts je suis désabusé,
Tranquillement je rentre chez moi me reposer,
Sachant qu'Il me conduit.

« Je dirais même plus »

Des femmes le bonheur
Parvient tout droit aux hommes.
Répété en longueur
Ce dicton se déforme.

Parait que le malheur
Et ses aspérités
S'ajoutent sans clameur
Au bouquet convoité.

Que tu le veuilles ou pas
Avec des muets pleurs,
Chagrin, soucis, tracas
Te troubleront le cœur.

Et sans t'en rendre compte
Ce beau dicton clamé
Change quand tu affrontes
Ton bouquet bien-aimé.

Alors tu réalises
Que cette vérité
Quoiqu'on fasse ou qu'on dise
Ne fais pas lâcheté.

Enoncé en longueur
Ce dicton perd sa forme;
Des femmes le malheur
Arrive droit aux hommes.

***

Très jolie

Tu parais une fleur
Oh mais ça quel cliché!
Si un jour, par erreur
Te mettait à coté
De cette jolie fleur
Tu l'aurais éclipsée...

Tu vois combien pénibles
Et presqu'aussi banals
Ces mots qui manquent cible
Et me viennent très mal
Expriment ma pensée
Presque toute éblouie
Par ta prime beauté
Et ton air d'Eugénie...

Tu ressembles à la mer
Un beau matin d'été
Qu'un soleil peu amer
Viendrait juste baiser
De ses tendres rayons
De couleurs jaunes et or
Et qui à l'horizon
S'éterniserait encore.

Tu m'inspires toujours
Un esprit de douceur
Car ainsi tout autour
Je perçois cette ampleur
Des anges de ta cour
Qui t'escortent à toute heure
Pour t'infuser l'amour
Dont tu as la chaleur.

Car partout où tu vas
Tout semble s'éveiller
Et les cœurs d'ici-bas
Semblent s'agenouiller
Lorsque de tes appas
Ils sont tous fusillés
Et ne résonnent pas;
Les sens tous éveillés.

Ainsi de cette triste vie
Qui nous emmène par le monde
Ton soleil sur ma terre luit
Et me la retourne féconde.
Car si mes mots sont sans sursis
Tout mon pauvre être tu inondes
De tes traits de jeune Marie
Tout juste après qu'Elle eut la sonde
De cet Amour de Saint-Esprit.

Seigneur, la prière...

Seigneur la prière est le cri d'amour
Que jette vers Vous l'homme chaque jour,
Jamais, à sa voix, Votre cœur est sourd.
L'homme est Votre enfant, Père juste et bon,
Souffrez qu'il Vous parle avec abandon
Et de sa prière agréez le don.

Ô Dieu de Puissance et de Majesté,
Pour moi, d'un seul mot Vous avez jeté
Le monde et ses lois dans l'Immensité.
Quand tout l'univers chante son Auteur
Pourrais-je oublier, pauvre serviteur,
De Vous adorer, Ô Dieu créateur?

Ô Dieu Rédempteur, Vous avez voulu,
Mourant sur la croix, faire mon salut,
Au ciel j'ai l'espoir d'être Votre élu.
J'aurais, fils ingrat, le cœur bien mauvais,
Pour tous Vos présents, si je recevais,
Sans un mot d'amour, de si grands bienfaits.

Souvent j'ai péché, Père contre Vous,
Comment sans vouloir me mettre à genoux,
De Votre courroux arrêter le coup?
Je dois Vous redire en baissant le front
Que j'ai dans le cœur un regret profond
Pour tous les péchés que les hommes font.

Seigneur Votre grâce éclaire et soutient,
Comment pourrait-il demeurer chrétien
Celui dont l'orgueil ne demande rien?
Je veux pour sauver mon âme et mon corps
Prier Votre amour d'aider mes efforts
Et tendre la main vers tous vos trésors.

Mon amour

Je t'aime mon amour,
Et d'un amour si doux,
Je t'aimerai toujours,
Plein d'espoir, à genoux.

Je reviendrais sur terre
Pour vivre à tes côtés,
Subirais des misères
Pour jouir de ta beauté.

Tu es source d'amour
Qui jamais ne tarit,
Tu fais poindre mes jours,
Tu éclaires mes nuits.

De ton cœur tu m'enrobes
De douceurs infinies
Et ta voix me dérobe
Et le souffle et la vie.

Tu es l'ange mandé
Autour de mon pauvre être,
Tu m'apprends à aimer,
A revivre, à renaître.

Les feux de ton amour
Me réchauffent le cœur
Et je brûle à mon tour,
Incendié de bonheur.

Car de toi j'ai appris
Ce que c'est d'être aimé,
Tu ranimes l'esprit
En moi si affamé.

Tu dévoiles des joies
Qui semblent interdites,
Chasse le désarroi
De mes peines maudites.

Oui tu demeures en moi
Et semble contempler
Et soutenir des fois
Mon âme dégoutée.

Tu resteras l'emblème
Flanquée à mon drapeau
Et tu seras mon thème
Jusqu'à mon dernier mot.

Ouvre-moi de la vie
Toutes portes d'airain,
Je veux la mort aussi
Si tu me tiens la main.

Oui, je t'aime d'amour
A n'en plus en parler,
Allons, mon esprit, cours,
Allons vite en rêver.

Murir

Dans ce miroir
J'ai peine à croire
En constatant
L'œuvre du temps.

Car hier encore,
Pareil décor,
De mes attraits
Je me plaisais.

Qu'est devenu
Ce garçon dru
Au yeux câlins,
Un peu malin?

J'aurais aimé
Lui faire goûter
Ce que d'sa vie
Est le midi.

Bien que pourtant
Le fil des ans
Ait endurci
Mes vieux sourcils,

Je lui en veux
Mais pour bien peu
De sa jeunesse
Tant de prouesses.

Car aujourd'hui
Quoique mûri
Par mes faux pas
Qu'on n'oublie pas,

Je crois parfois
Au fond de moi,
Que je préfère
Ne pas les taire.

Car ils rappellent,
En ton formel,
Grandes faiblesses
A prendre en laisses.

Car la jeunesse
A ses promesses
Mais la vieillesse
Donne sagesse.

*Dans ce miroir
Je crois bien voir
Ce qu' ces étés
M'ont racheté.*

*Pourtant je crois
Trop bien des fois
Sentir en moi
L'Esprit qui croit.*

*Il rajeunit
Et fortifie
Bien que mes forces
De moi divorcent.*

*Donc quand je vois
Sourire à moi
Cette figure
D'homme bien mûr*

*Je dis encore
De ce décor
Qui me revient;
Que c'est très bien.*

Enfin, te voilà

Quand enfin l'âme sœur au bercail nous revient,
Celle, source de vie, celle, notre soutien,
Quand enfin dans nos bras elle cherche refuge,
Déprimée, consternée par un heureux déluge.

Quand enfin doucement, sans en faire aucun bruit,
L'ange tant espéré nous arrive un jourd'hui,
On souhaite à tout cœur qu'en ce doux moment-là,
Dénué de toute entrave, on soit prêt pour cela.

Il faudra

Lorsque Dieu créa l'homme
Il avait ordonné
Qu'il quitterait parents
Pour sa femme épousant;
De la vie c'était le plan.
Si c'était pas la pomme
Et sa calamité,
Le monde bien qu'énorme,
Verrait maris et femmes
Vivre sans faire de drames.

Mais il eu bien la pomme
Et ce qu'elle a causé.
Tout pauvre que nous sommes
Nous ne sûmes observer
Ce décret qui en somme,
Tout divin en sagesse
Devait nous mettre en laisse
Et garder loin de nous
Tous ces élans d'ivresse
Nous rendant parfois fous.

*Il faudra bien qu'un jour
Arrive enfin mon tour.
De cet élan divin
Je la verrai enfin.
Alors ce grand jour-là
Tous les deux on ira,
Laissant là nos parents,
N'étant plus des enfants,
Connaître cette ivresse.
Dieu tient toujours promesse.*

4 Karpas

*Les sentiments d'amour
Qui nous fendent le cœur,
Nous viennent chaque jour
Sans présage, à toute heure.*

*Et dire que l'on finit
Par se faire une vie
Mais durant jours et nuits
Au fond on dépérit.*

*La chaine spirituelle
Qui unit deux humains
Ne ressent pas en elle,
Des pensées les refrains.*

*On peut se dire dedans
Que déjà c'est foutu
Nos chaînons bien portants
Ignore l'impromptu.*

On saigne quand encore
Un sourire, une parole
Ou le nom du trésor
Aux oreilles se colle.

Et l'on veut s'isoler
Bien que le vieux silence
Manque de consoler
Le cœur souffrant l'absence.

Car ainsi on ressent,
Bien que ce soit poignant,
L'être qui se lassant
Causa ce cœur saignant.

Je pense à toi, tu sais,
Toi ma source de vie.
Dis-donc, le ressens-tu
Tout au fond de tes nuits?

A Marijune

Sans toi

Là, du plus profond de mon cœur
Je te retiens, mon âme-sœur.
Ta façon d'être, ton parler
M'emportent sur pensées ailées
Et mettent en moi un doux émoi
D'épines et roses à la fois.

Pourtant quand dans mon vide lisse,
Ma pensée vers ta face glisse
Je crois voir luire dans tes yeux
Un avenir fait pour nous deux,
Aussi secret que ce sourire
Ornant ce que tu n'oses dire.

Je viens souvent, je viens encore
Car ton karma est le plus fort.
Je viens puiser de ce bien-être
Que ton amour en moi fait naître.
Et de lendemains en vie d'or,
Vers toi je prends tous mes essors.

Il faudra qu'un jour on arrive...
Que ce doux trésor on ravive.
Il faudra qu'un de ces étés
De charme tu viennes allaiter
Ma vie de rêves qui s'éteint,
Broyée sous les roues du destin.

Là, du plus profond de mon cœur,
Je ne t'apporte qu'une fleur.
Elle saura, muet témoin,
Te rappeler que dans un coin
Sombre et glacé, trop éloigné,
Je me meurs sans toi, résigné.

Crois moi

Je trépide, trépide
A la simple pensée
Que mon ennuyeux vide
Tu viendrais compenser.

Je trépide, trépide,
Tout décontenancé;
Quand le cœur voit son guide
Il n'ose balancer.

Je trépide, trépide
D'avoir tant traversé
Car là sous ton égide
J'oublierai le passé.

Si

Si tu m'rencontres un jour,
Que j'te parle d'amour,
Je t'en prie sois gentille.
Il y a trop de filles
Qui sont, pour ainsi dire,
Trop instables. Et c'est pire
Quand tu vois leur beauté
Mais que tout à côté
Sont trop bien exposées
Leur perfides pensées.
Elles vivent pour ces temps,
Non comme celles d'antan.

Si tu m'rencontres un jour
Ne fais pas demi-tour
Parce que tout simplement
On se verrait en passant.
Il ne faut pas forcer
Ce qui, tout naturel
Pour nous êtres mortels,
Est déjà prononcé.
Dans la vie, moi je pense
Que ce qu'on nomme chance
Est toujours l'inconnu
Plan que Dieu a conçu.

Si tu m'rencontres un jour
Et que j'te fais la cour
Ne rie pas d'mes faiblesses,
Fais montre de finesse.
Je consens que trop bien
Ce bel art de don juan,
Dès mon âge d'enfant,
N'a jamais été mien.
J'essaierai, je le jure,
De choisir l'envergure
De ces mots destinés
A te faire flancher.

Rencontre-moi un jour
Dans un délai bien court.
Et je te montrerai
Ce que j'ai récolté
D'amour et de sagesse,
Dignes d'une maîtresse
Qu'on espère un beau jour,
Trop assoiffé d'amour.
L'âme seule ne vit pas,
Elle pleure en silence,
Mais un beau jour de chance
D'une sœur elle voit l'aura.

Sine qua non

Le cœur au grand amour
Palpitera toujours.
Il jouit d'une semence
Droit de la Providence.

Mais le cœur sans amour
Dans l'enfer comme au four,
Ne connait de cadence
Que haine et ignorance.

Algrange

Si je n'pense qu'à toi,
Toi ma douce,
Toi ma mie,
C'est que grande est ma foi
Qui repousse mes soucis.
J'ai beau t'imaginer,
Belle enfant,
Très charmante
Qu'au fond de ma pensée
Cette attente,
Moi me hante.
Car depuis de longs mois,
Séparés,
Prisonniers,
Nous subissons l'effroi,
Eloignés,
Divisés.
Le statu quo des choses
Qui languissent
Et se mêlent,
Me rend si bien morose
Que flétrissent
Mes prunelles.

J'ai faim de te revoir
T'embrasser,
Te serrer
C'est pourquoi dans le noir
Mes pensées
Sont privées.
Je garde encore en moi
De ta peau
La finesse
Et dans mon désarroi
Il me faut
Ta tendresse.
Au fond je te rappelle,
Mon bel ange,
Sois fidèle.
Mon âme, ta jumelle
En Algrange
Manque d'ailes.

Soixante dix sept fois

L'affront que tu gardes encore
Ancré dans ton for,
Ferme porte au Dieu d'amour
Qui absout toujours.

Pardonne tout avanie
Causée par autrui.
Dons du Ciel tu recevras
Jusqu'à ton trépas.

Donner

Belle est la vie quand on la prend
Comme un petit enfant chéri,
Quand au fond de soi on apprend
A semer ce qu'on acquis.

Partager ses gains et trésors
Pour le besoin de ses autrui
Renforce et donne de l'essor
A ce qu'on possède aujourd'hui.

C'est la façon la plus directe
De servir son Maître divin.
En retour cette action affecte
En très bon sens ses lendemains.

Belle est la vie quand un sourire
Découle d'un acte posé
Et que cette action au sortir
Porte votre nom bien scellé.

Donner, donner c'est bien la loi
De l'universelle famille
Car le bon Père, lui Il voit
Tout cœur, que de fils ou de filles.

C'est l'action de se faire un compte
D'épargne solide chez Dieu.
En retour lui Il nous fait montre
De ce qu'est vraiment être heureux.

Donner quand on a presque rien,
Donner de soi, donner souvent,
Donner surtout sans baratin,
Donner, c'est le commandement.

C'est là la devise oubliée
Que tout être humain, en monstrance,
Devrait porter bien déployée
Sur le drapeau de son bon sens.

Donner c'est donc la liberté
Que toute âme bien avertie
Exprime, dénué de fierté
A toute âme en contrepartie.

A Marijune

Sages pensées

Si je te disais un beau jour
Combien encore je pense à toi,
Qu'à chaque fois au fond j'ai froid.

Qui sait peut-être qu'à ton tour
Tu me confierais en pleurant
Ce que pour moi, toi tu ressens.

Rien ne sert dans la courte vie
En secret d'ainsi soupirer
Et nos élans incarcérer.

Car l'air qu'on respire aujourd'hui,
Souvent sans annonce donnée,
De notre sein, nous est ôtée.

Solitude

Que dit-on de la solitude?
Qu'elle est la pire des compagnes,
Qu'on lui préfère multitude,
Que c'est presque habiter au bagne.

Moi je dis de la solitude
Qu'elle est mère de l'art parfait.
Car l'être, dans sa plénitude,
Reçoit lors du Ciel tout bienfait.

A Marijune

Fin de journée

Quand finit le travail alors je me retire,
Libérant de mon for ce besoin de soupir,
Attestant tout autour qu'enfin j'ai terminé
Ces multiples labeurs qui m'ont vraiment peiné.

Quand finit le travail, bien qu'encore éveillé,
Je sens que mon esprit s'impatiente d'aller
Voler dessous les cieux, au milieu des étoiles
Et laisser là mon corps inerte dans ses voiles.

Bien qu'un autre soleil viendra tout relancer,
J'espère qu'il apporte espoir pour avancer.
Car il faut croire encore en des demains meilleurs,
Faut marcher de l'avant en se séchant les pleurs.

Quand finit le travail, je ne perds pas l'espoir
Sachant que contre tout, en mon rêve il faut croire.
Malgré mon corps brisé, j'ai le cœur en émoi;
Il s'ouvre librement et pense encore à toi.

Toi

De tout ce que j'ai pu avoir
A mes plus sombres désespoirs,
L'ode d'amour que tu me chantes
A mes dilemmes met l'entente.

Tu es mon aurore incessante,
Tu es la lueur qui m'enchante,
Tu es clarté dans mes nuits noires,
Le doux objet de mes espoirs.

Mon horizon

Je pense à toi le cœur battant,
Je pense à toi tout en chantant,
Je pense à toi, Dieu que c'est bon
D'avoir tes yeux comme horizon.

Comme une étoile au firmament
Conduis-moi vers l'avènement.
L'amour de toi qui brule en moi
Me fait trépider tout en joie.

Je pense à toi, je pense à toi,
Donne moi tout, même la foi
Car aussi vrai qu'Il nous nourrit,
Je pense à toi, ô ma chérie.

A Marijune

Penser à toi

Oh quel divin plaisir que de penser à toi
Et de sentir mon cœur fondre d'amour en moi!
Ça m'arrive soudain, sans avis ni présage,
M'envahit de chaleur me rendant bien moins sage.

C'est le plus beau cadeau que le Ciel dans sa science
Fit au pauvre pécheur malgré sa déchéance.
Mais comme de l'amour la souffrance est la sœur,
Le Ciel semble toujours nous punir, les pécheurs.

Allez! Saigne mon cœur. Expose tes attraits.
Par ta quête d'amour, tu te rends plus parfait.
S'il est vrai que l'amour est la rose de vie,
La souffrance est l'épine accordée sans sursis.

Je t'avoue que je t'aime, mon bel ange d'amour,
Toi qui rend mes nuits tendres et fait chanter mes jours.
Car le divin plaisir qu'est de penser à toi
M'arrive sans présage et remue tout en moi.

A mon Seigneur et Maître

Ta Parole

Et le Ciel et la terre en un temps passeront
Mais ta Parole, ô Dieu, tous les cœurs garderont.
Elle sera gravée au fond de tes élus,
Incitera bien d'autres à chercher ton salut.

Ton grand amour pour nous rappelle jusqu'à Toi.
Ton sang versé pour nous nous retient sous ta loi.
Garde nous, ô Seigneur, contre les tentations
Bien souvent camouflées sous de bonnes intentions.

Tu vins comme promis tout rempli de sagesse,
D'amour et de bonté, donnant de ta richesse.
Tu la semas partout, à chaque carrefour,
Nous enseignant du Père l'inaltérable amour.

Reste, divin Maître, dans nos cœurs prend demeure.
Reste tout près de nous jusqu'à la dernière heure
Car le Ciel et la terre en un temps passeront,
Ta Parole, ô mon Dieu, tous les cœurs chanteront.

Drôle d'histoire

Entrez mon cher ami,
Je pensais juste à vous.
Prendrez-vous de l'anis
Ou alors du vin doux ?

Je m'en vais vous redire,
En des mots bien précis,
Ce que je viens d'ouïr,
Qui me fronça sourcils.

Il faudra tout d'abord
Vous mettre un peu à l'aise
Car je crains bien qu'encore
Ce récit vous déplaise.

La nouvelle à venir
Risque de vous blesser
Quoique j'aie bien ouï dire
Qu'autres l'ont appréciée.

D'ailleurs il faut penser
Que ce genre d'histoires
Pourrait avantager
Les gens qu'elles ont fait choir.

Elles n'ont d'elles mêmes
Pas de dénigrement
Mais les gens qui les sèment
Le font amèrement.

Ils y mettent leur âme
Et c'est là le problème
Car leur nature infâme
Souillerait chrysanthème.

Car il est bien question
De l'aura du conteur,
Pas d'imagination;
Ça ils l'ont en longueur.

Et puis qui sait peut-être,
Avant que j'y parvienne
Certains actes font paître
Ces diseurs peu amènes.

Car ce qu'ils cherchent même
C'est l'ambiguïté,
Les cas riches en dilemmes
Scandent leur cruauté.

S'il fallait inspecter
Leur généalogie,
On serait déceler
Ce trait de gens aigris

Qui mijotent en leur for
Des pensées effrayantes,
Que prochains, ils abhorrent
A mesure constante.

Et puis chez ces gens là
Y a toujours un sourire,
Comme disait Papa,
Pour mieux anéantir.

L'art de l'hypocrisie
Est chez eux développé.
Il devient poésie
Plein d'onomatopées.

Bref, allons droit au but,
Il faut bien qu'on finisse
Avec le superflu...
Mais bon sang! Fallu qu'tu dormisses.

Minuit

La musique résonne
De doigts du pianiste
Et cet air qu'il entonne
Traite d'amour bien triste.

Alors ce smog dormant
Autour des lampes noires
Semble arrêter le temps,
Nous fait cuver déboires.

Pourtant l'ambiance est belle
On sent la joie dans l'air,
Mais cet air me rappelle
Que je n'ai plus ma Claire...

Mais bientôt c'est demain
Qui va scander mon vide.
« Minuit, sacré lutin,
Mon scotch, je te le vide! »

Le guide

Il y a toujours au fond de soi
D'une âme sœur la faible voix.
Elle reste tapie, se tue
Parmi les sons du vu et su.

Elle sait attendre en silence
La souvent non offerte chance,
Cette occasion qu'en fait de compte
On entend ce qu'elle raconte.

En guidant nos pas incertains
Elle assure nos lendemains.
En nous écartant les épines
Elle nous épargne l'échine.

Elle est ainsi le trait d'union
Que le Père et Sa Création,
Par ce grand Amour infini
Nous nourri, nous les démunis.

Quand par des affronts répétés,
Affronts bien souvent ignorés,
On arrive à la réprimer,
Elle cesse de s'exprimer.

Jusqu'au moment où à nouveau
De notre vie elle a l'écho.
Elle refile les secrets
Nous apportant bien de bienfaits.

Ainsi toujours au fond de soi
Se trouve cette faible voix.
Si consciemment on ne la tue
Elle révèle l'inconnu.

Si demain

C'est pas facile de t'oublier.
Sans pudeur tu m'as tout volé;
L'esprit, le corps, l'amour et l'âme,
Tous perdus dans ton lit infâme.

J'avais pourtant envisagé
A ta vie la mienne attacher.
Ton plan de pute invétérée
Laissa mon cœur tout atterré.

Et tu prouvas à tout le monde
Que ton sourire de Joconde
Bien que considéré placide
Ne cachait que pensées perfides.

Ainsi donc tu m'as mis à court
D'âme, de corps, d'esprit, d'amour.
Je m'en irai de mon côté
Essayant de tout oublier.

Tu resteras toi, la gagnante,
Savourant victoire en attente
Furtive de ton autre proie
Qui viendra le cœur en émoi

Et s'avèrera bien docile
Leurré par tes charmes subtils.
Mais vois-tu, j'ai tout pardonné,
Au fond de moi, rien n'a changé.

Si demain tu frappes à ma porte,
J'irai encore à toi qu'importe.
Qui sait peut-être dans ton lit,
Tout heureux, pas trop avili,
Je te demanderai sans drame
Mon esprit, corps, amour et âme.

✷✷✷

A mon fils

La puberté avait tout juste déposé
Sur mon front sain encore un baiser enflammé.
Le pays cheminait comme une chienne en rut
Car son régent l'avait vendu à Belzébuth.

On retenait en soi cette pensée puérile;
Les mœurs libres devaient échouer sur notre île.
Déjà le Rock n'Roll se tenait tout penaud
En cédant le fauteuil à son cousin Disco.

Bien que l'on retenait, faisant tant bien que mal,
Dans nos cœurs antillais la musique locale,

On voulait bien mêler à nos danses lascives
Ces nouveaux « steps » venus de très lointaines rives.

Déjà naissait en moi cet inconnu copain,
Doux de cœur et d'actions mais le membre à la main.
Et quand le temps venait d'exercer cet organe
Je sentais exploser tout, comme du butane.

Ce désir juvénile qui me rendait sourd,
Pour mon âme ingénue se révélait trop lourd.
Dieu sait ce que je fis afin de le dompter,
Lui, sauvage cheval, moi naïf cavalier.

Mes ennuis scolaires croissaient de plus en plus,
Je me sentais tiré droit vers le superflu.
C'était tel que de moi s'en allait la raison,
Comme si mes entrailles enfantaient un démon.

J'aurais pu moi aussi me tourner vers l'alcool,
Bien que certains copains continuèrent l'école.
J'aurais pu bien finir sur un lit de bordel
Mais il vint tout petit, son nom était Joël.

« On a souvent besoin d'un plus petit que soi »
Me répète toujours l'ami que j'ai en moi.
Aussi bien qu'à présent je comprends cet exploit
Je remercie le Ciel en qui j'ai grande foi.

De ma tendre mère

Pluies

J'aime la douce pluie
Sans bruit,
Chagrin silencieux
Des Cieux
Ruisselant comme pleurs
Sur les fleurs.

J'aime l'ondé tonnante
Et bruyante :
Vague furieuse d'orage
Où la rage
Des nues descend, viole
Et désole.

J'aime l'embrun distant
Pluie d'enfant
Que vite un tiède rayon boit :
Douce voix
De mère câline, apaisant,
Souriant.

D'automne, terne et lente pluie:
Aimable ennui,
Languide et morne, tu tombes
Et fais sa tombe
A la joie que l'âme rendue
A perdu.

A Marijune

Cours ma lettre

*Ça fait déjà longtemps
Que mon cœur est en deuil.
Il a pris bien du temps
Pour qu'aimer il ne veuille.
Si enfin aujourd'hui il finit par s'ouvrir,
Tarde pas à porter se demande à chérir.
Cours, ma lettre, cours!*

*Surtout ne te mets pas
Avec d'autres missives,
A comparer appas
Ou agir comme grives.
Toutes vous portez joies ou tracas ou tourments
Souvent bien trop pénibles à transmettre autrement.
Cours, ma lettre, cours!*

Quand enfin ses beaux yeux
Liront ton contenu,
Implore-la un peu
De se faire ingénue
Car seule l'âme pure a le don de pécher
Les suppliques d'amour entre lignes cachées.
Cours, ma lettre, cours!

Révèle lui mes plans
Si longtemps mijotés.
Dis-lui que mil printemps
Ne me sauraient ôter
Cette tendre euphorie que seul son nom m'inspire
Et que ne pas l'aimer est de mourir bien pire.
Cours, ma lettre, cours!

Doux aveu

Ce que du fond du cœur
Je veux te révéler
Bien des fois me fait peur,
Bien des fois, dégonfler.

L'amour que tu m'avoues
Me fait grandir des ailes,
Me rend un p'tit peu fou,
M'enivre de ton miel.

Mais si tu vois, chérie
Que près de toi, je tremble,
Tiens-moi la main, ma mie,
Restons ainsi ensemble.

En visant un seul but
Nous irons, toi et moi
Vers la rade inconnue,
Armés de notre foi.

Ce que du fond du cœur
Je veux te révéler
C'est que tu l'as ce cœur,
Tout confié, pas volé.

A Joël et Giovanni

« *Love for love* »

Vois comme de la mort l'Amour a triomphé!
Si tu savais, enfant, ce que ça a couté
De sueur et de sang et de plans laborieux,
De souffrances et d'efforts subis sous le ciel bleu.

Tu ne sauras jamais l'autre destination
Que tu pourrais avoir sans Son immolation.
De ton Père des Cieux prends à cœur les exploits
Et d'amour pour amour demeure sous Sa loi.

Car bientôt tu verras que la vie que l'on mène,
Parsemée qu'elle puisse être de joies ou peines,
Témoigne à tout instant du chrétien en retour
A son Créateur la déclaration d'amour.

Merci, maman

Le soir

Calme et serein le soir descend sur la vallée.
L'oiseau cherche son nid, l'ouvrier, sa chaumière.
Las de cette journée de carrière en allée,
Le roi brillant du jour courbe sa tête fière.

Sous la voûte d'azur où scintille l'étoile,
Le rossignol s'envole en chantant sa prière.
Et l'antique clocher dont la tête se voile
Porte jusques aux Cieux sa voix pieuse et claire.

Au milieu de sa cour, rayonnante et superbe,
L'astre des belles nuits vient caresser la terre
Et descend son baiser jusqu'au frêle brin d'herbe
Où le grignon tapi pleure sa vie amère.

Soumis à son destin, le ruisseau qui chantonne
Glisse jusqu'à la mer et coule doucement
En modulant tout bas sa chanson monotone:
Cet éternel adieu d'un éternel mourant
Montre tendre et plaintif en la nuit solitaire.

Et quand enfin nos mains se touchent...

Et quand enfin nos mains se touchent
Gravissant des cieux interdits
Nos âmes gambadent et débouchent
Sur pâturages inédits.

Restant figés dans cette embrasse
Nos cœurs battant, l'un contre l'autre,
Se parlent infusés d'audace
Comme dans le temps, les apôtres.

Dieu les créa dans une sphère
Où tout est beau, divin, gratuit.
Alors ils ne veulent plus taire
Des roses cette folle pluie.

Plus ils se parlent et plus doré
Devient ce vaste firmament.
Et comme nos deux mains serrés,
Ils échangent de doux serments.

Ainsi tendrement je m'attarde
Dans cet univers de tes yeux
Qui me révèle sans mégarde
De quoi me rendre très heureux.

Et puis l'on chevauche tranquillement
Les monts de notre liberté
Et ces chevaux bien trop agiles
S'envolent rusés, entêtés

Vers des milliers d'étoiles d'or
Qui portent ton nom en drapeau
Et qui sans cesse font éclore
Sur ta face un matin trop tôt.

Ainsi passa cette nuit tendre
Sans que se couchent nos soleils,
Et l'aurore vint nous surprendre
Sans pour autant donner l'éveil

Qui viendrait nous ravir la joie,
L'extase, la béatitude
Qui éclipsent tous les effrois
De nos deux vieilles solitudes.

Et nous volons de monts en plaines,
Attisés par cet amour fou.
Que ce lutin, il nous emmène
Gravir des cieux, abjurant tout !

Alors enlacés, hors d'haleine
On se demande est-ce la fin
De cette vie trop peu amène
Qui nous tenait loin du divin.

Et quand enfin ce grand fracas
Qui nous envahit les entrailles,
Fait trembler, danser la polka
Nos deux corps en douces chamailles,

Doucement nos chevaux ailés,
Fatigués et soudain dociles
Nous ramènent, échevelés,
Vers un décor bien plus tranquille.

Alors tous les cieux interdits
Chassent nos âmes de leurs couches.
On s'avance, couple maudit,
Quand bien serrées, nos mains se touchent.

Il ne faut pas

Faut pas t'éterniser
Sur certaines blessures;
Elles sont agencées
Pour nous rendre plus purs.

Rien n'arrive pour rien,
Tout engendre en retour
Un être qui devient
Bien plus imbu d'amour.

Vois dans tout ce qui vient
La main de ton Seigneur
Qui néglige mais rien
Pour te rendre meilleur.

Apprends à espérer
Et attendre de Lui
Tout c'qui fait soupirer
Et te hante les nuits.

L'attente bien pénible
Qu'un jour tu connaitras
Est la monnaie tangible
Avec quoi tu paieras

Ce qui te manque encore
Et pour quoi tu supplies
Quand de ton cœur, l'essor
Frôle le Paradis.

Ici on te dira
Bien d'autres versions;
Que fin justifiera
Les moyens en question.

Mais retiens dans ton cœur
Que les décrets du Ciel,
Si l'on veut son bonheur,
Doivent être essentiels.

Car la peine infligée
A l'homme impénitent,
Il se l'est procurée
Ignorant l'enseignement.

Aime comme Il le dit,
Aime de tout ton cœur,
Aime comme Il le fit,
Jusqu'à ta dernière heure.

Car l'amour que tu sèmes
A travers ton chemin
Tu connaitra le même
Au jour du grand festin.

Faut pas t'éterniser
Sur tes vieilles blessures;
Elles t'ont aiguisé
En homme bien plus mûr.

★★★

Tombe la neige

Il a neigé sur tout New York,
Il a neigé de but en blanc.
Il a neigé de neige en block
A vous affoler les enfants.

Le ciel a vidé ses bagages,
Il a perdu son manteau blanc.
Le sel que l'on jette en pillage
Fondra tout en sale océan.

La vie est morte cette nuit
A coups de flocons très légers.
Elle est morte sans faire de bruit,
Sans rayons pour la soulager.

Il a neigé de poudre blanche
A vous rendre gris le moral.
La météo a été franche,
C'est tombé d'amont en aval.

Alors les enfants affolés
Ne s'en reviennent pas du choc.
Seuls les plus grands sont désolés
Qu'il ait tant neigé sur New York.

« Daily walk »

Et puis un jour
Sans son d'tambour,
Tu l'auras ta part de bonheur.
Un de ces jours,
A souffle court
Il t'arrivera à son heure.

Et tu verras comme Il l'a dit
A ceux qui à genoux Le prie
Que jamais dans la vie en vain
On ne s'approche du Divin.

Prends donc ta croix sur le chemin,
Qui assure ton lendemain
Et tu verras, rempli de joie,
Que Sa force te portera.

Mais jusqu'au jour
Où Son Amour
Ses trésors, te dévoilera,
Comme à ton tour,
Au jour le jour,
Porte ta croix et suis Ses pas.

L'amour du bon Dieu

Le plus beau thème de nos jours
Est l'amour qu'on porte au bon Dieu.
On le traite bien trop à court
Quoiqu'il fasse bien des heureux.

C'est la Force qui donne espoir,
Le bouclier dans tous combats.
C'est la lumière dans le noir
De nos nuits sombres d'ici-bas.

C'est le grand livre qui enseigne
A bien vivre sur cette terre,
Cette terre où Il veut que règnent
Ses Paroles semées naguère.

« Aimez-vous donc les uns les autres
Tout comme Je vous ai aimé. »
Et ce rappel fait aux apôtres
A chacun est réitéré.

A tout un chacun Il demande:
« M'aimes-tu vraiment de tout cœur?
Si tu M'aimes que tu répandes
Autour de toi que du bonheur. »

Oui, mon doux Maître, je Vous aime,
A le crier sur tous les toits.
Permets qu'avec cet amour même
Je puisse soutenir ma foi.

Et peut-être bien qu'à mon tour,
Aidant mes frères malheureux,
Leur chanterai-je un de ces jours
Ce que c'est qu'aimer le bon Dieu.

Lamentations

Lorsque au temps de s'aimer, se montrent à l'horizon
Les rayons doucereux de nos vertes saisons,
De nos élans d'ardeur aux hormones fumantes,
Sagesse un peu tardive, n'es-tu pas insouciante?

Placide tu assistes à ces ébats troublants,
Ces jeux souvent fatals de cœurs et sentiments
Mais n'offre tes conseils au pauvre mal aimé,
Qui, du besoin d'amour, cesse d'être affamé.

Tes cris de femme éprise nous laissent bien froids,
On a trop à jouir et l'esprit trop étroit
Et nos chemins faisant, d'erreurs tant parsemées,
Nous retournent, austères, les peines semées.

Et là tout terrassés, trop décontenancés,
Au fond des nuits sombres par nous, manigancées,
On se demande ainsi le pourquoi, le comment
De ces instants amers, ces marées de tourments.

C'est que du temps d'aimer pointant à l'horizon,
On a trop abusé des joies et des frissons
Nous ouvrant grandes portes menant au défendu,
Nous grisant tout entier; l'âme et le corps fondus.

Car nos élans d'ardeur aux hormones fumantes
N'écouteront jamais la sagesse souffrante.
Ils arrivent flambant de nos vertes saisons
Quand le doux temps d'aimer se montre à l'horizon.

Quand ma muse s'endort

Quand ma muse s'endort
Et que mon vieux silence
N'a plus son pesant d'or;
Ma plume se balance.

Quand ma muse s'endort,
S'étirant dans ses couches,
Il n'y a plus d'encore
A mes idées farouches.

Ainsi je me surprends
L'esprit dans le néant,
N'osant rien concevoir
Que pensées toutes noires.

Quand ma muse s'endort
Je me parle tout bas
Mais dans mon vide for
Du bon sens, y en a pas.

Quand ma muse s'endort
Alors je me retire
Car malgré mes efforts
Mes créations empirent.

Mon bel ange de vie

Sais-tu combien de temps j'ai passé à t'attendre,
Combien de journées creuses et combien de nuits tristes?
Sais-tu combien de pleurs et de soupirs à pendre
Me sont couler du cœur, cherchant encor ta piste?

Toujours dans ma pensée je te berce des fois.
Quand la vie ne m'offrait que de ses fruits amers,
Je venais à genoux te dire mes effrois;
Ton regard doux et sombre m'effaçait les chimères.

Méditations

Seigneur, combien de fois,
Tout confus dans ma foi,
Je pense à Ton grand plan.
Et d'un tout simple élan
Je me sens tout rempli
De chaleur infinie
Qui dedans m'envahit
Et me rend bien épris.

Le fait d'être pécheur
Fait naître cette peur;
Cette faiblesse en moi
Causant mon désarroi.
Je Te vois, T'évalue
Aux mètres de ma vue.
Et ce donc qui m'effraie
Est mon manque de paix.

Alors je me réjouis
Et je Te remercie.
Tu vis toujours en moi
Et raffermis ma foi
Qui trop souvent chancelle.
Alors je bats des ailes;
Moi, l'oiseau nouveau-né,
Toi, Père concerné.

Ainsi je viens à Toi.
Toi mon Maître, Toi mon Roi.
Bénis nous, je T'en prie,
Pour qu'on Te glorifie.
Je veux clamer Ton règne
A toutes les oreilles
Et puis vivre ma vie
Comme Tu l'as prescrit.

Le lendemain

Un jour je te dirai, te prenant par la main,
Un jour je t'avouerai comme je t'aime bien.
Un jour tu entendras tous mes élans de cœur
Et qui sait, ce jour-là tu verseras des pleurs.

De ces pleurs de remords, de ces pleurs qui libèrent.
De ces pleurs qui vous brulent, à la fois bien amers
Et tu voudras souhaiter ne pas avoir vécu,
Brisant autant de cœurs, faisant tant de cocus.

Car le temps te viendra où tous ces amants là
Te viendront réclamer leurs cœurs dans l'au-delà.
Que leur répondras-tu, quelle justification
Pourra te racheter de telle inondation?

Je t'aime, mon petit mais quand ce temps viendra
Tu sauras quel fardeau que tu as dans les bras.
Ce qu'on sème ici-bas avec tant de chaleur
Nous revient en courant, nous causant joies ou pleurs.

Le dimanche

Comme il est joli le dimanche,
Jour de fleurs et de robes blanches,
Où le ciel bleu
Fait des heureux
Jusqu'au vieil oiseau sur la branche.

Comme c'est paisible dimanche;
Chaises rangées ou bois de planches
Reçoivent cœurs
Pleins de chaleur
Et des voix que les sanglots tranchent.

Comme il est riche le dimanche;
Accolades et mains sur hanches.
L'âme remplie
Du Saint-Esprit
Reçoit cette paix qui étanche.

Vers quelque foi que l'on se penche;
Chrétienne ou la foi athée franche,
Le temps du jour
Est bien trop court
Chaque fois que vient le dimanche.

Chanson d'amour

Longtemps, ça fait longtemps, je puisais dans tes yeux
Cette candeur privée, ce rire silencieux.
Et puis les années ont sonné,
Ton innocence détournée
Par les désastres de ta vie
Les uns des autres poursuivis,
Tu devins trop distante aux airs de ma chanson
Entonnée par mon cœur tout au cours des saisons.

Longtemps, ça fait longtemps que je bois mon chagrin,
Ce chagrin qu'alimentent et mépris et dédain.
Alors je m'efforce à rêver
Qu'un beau jour, le soleil levé
Te rendras cet air chaleureux
Que longtemps je vis dans tes yeux.
Mais mon cœur te dira les airs de sa chanson
Qu'il veut entonner le reste de ses saisons.

Prière de toute heure

Devant toi, mon Dieu
Se tient le pécheur
T'offrant ses aveux
Et élans de cœur.

Tu as enseigné
Qu'on prie Notre Père,
Entends Bien-aimé,
Ses sanglots amers.

Soit par la pensée,
Soit par la parole,
Ses péchés causés
Vraiment le désolent.

Contre joies terrestres,
Causes de sa perte,
Il T'implore, ô Maître,
Son cœur, rends alerte.

Car Ta seule grâce,
Ô mon doux Jésus,
Nos péchés efface,
Nous fait Tes élus.

Seigneur, Tu demeures
Vérité, voie, vie,
Mène à Ta demeure
Tous ceux qui Te prient.

Devant Toi, mon Dieu,
Se tient le pécheur,
Entends ses aveux,
Sèche lui les pleurs.

Ami

Ami d'amour, ami de cœur,
Ami de rires et de pleurs,
Ami du meilleur et du pire,
Ami pourtant, sans rien se dire.

Ami de fleurs et de discours,
Ami et de nuits et de jours,
Ami qui s'accroît dans l'absence,
Qui ne flétrit pas en présence.

Ami de peines et malheurs.
Ami que la faim ne fait peur,
Ami de trop, ami de rien,
Ami que le néant maintient.

Ami à élans dévoilés,
Et de nuits chaudes étoilées,
Ami qui nous mène à l'amour
Mais qui n'ose pas faire la cour.

Vie d'amour

Tendres baisers qui annoncent la paix,
Paix divine puisée du calumet,
Calumet qui introduit cet amour,
Amour tendre de nos tous premiers jours,
Jours et nuits que je t'eus dans mes bras,
Bras tendus toujours vers tes doux appas,
Pas subtils qui t'amenèrent à moi.

Moi et toi et nos serments pour toujours,
Jours d'orage de contre et de pour,
Pour lesquels nous deux fumons calumet,
Calumet d'où nous provient cette paix,
Paix tranquille effaçant nos méfaits,
Méfaits des mots qu'on se dit tour à tour,
Tour de baisers qu'on ne se donne plus,
Pluies de larmes versées et jour et nuit…

Tu rêvais

Hier tu rêvais Lisa et marchant à pas lents,
Je vins sur tes cheveux déposer une rose.
Oui tu rêvais enfant, quand sur ton front morose,
Tu reçus le premier baiser de ton amant.

Tu tressaillis alors, rougissant de furie
Et sur ton front serein un nuage passa.
Ton regard se fit dur qui longtemps me fixa,
Un pleur qui me fit mal mouilla ta joue chérie.

Larme d'un vierge cœur et d'une âme candide
Je te vis donc couler avec quel grand amour!
Rien qu'à me retenir de pleurer à mon tour,
J'expiais ce forfait de ma tendresse avide.

Pardonne ma faiblesse, ange aimé, je voulais
Vivre le doux contact de ta peau suave et tendre.
Voilà pourquoi je vins, heureux de te surprendre,
Te voler ce baiser alors que tu rêvais.

Merci maman

Dolor

Pardonne à cet orgueil qui domine mon âme
Si j'ai pu te sceller mon atroce douleur.
Si seule, je vécus ce mystérieux drame,
Qui dans le grand secret, s'agitait dans mon cœur.

Muette je fus alors, comme une enfant timide.
Muette, lorsque le soir me mettait dans tes bras.
Muette aussi, quand du ciel la lumière limpide
S'épandait sur mon front qu'il ne pénétrait pas.

Et cette âme blessée se tordait de terreur,
Tremblante se mordant les lèvres jusqu'au sang.
Tel devant un sort tout plein d'indicible horreur
Qui verrait, sans espoir, mourir ces jeunes ans.

Contrainte-Quel étau m'avait donc brisée toute!
Je ne te voulais point- Il me fallait te voir.
Et c'est bien pour goûter l'âpre saveur du doute
Qui toujours fait souffrir mais étreint mieux le soir.

Et le soir revenait nous envelopper d'ombre,
De silence propice aux pénibles aveux.
Un abandon dans l'heure solitaire et sombre
Et tu aurais compris mes soupirs malheureux.

De tout mon mal, à toi, je pourrais bien m'ouvrir
Mais n'était-ce pas toi l'ange de ma douleur.
Pour partage n'ayant qu'à me taire et souffrir
Je t'ai caché le sang qui coulait de mon cœur.

Oui tu savais son mal et c'est comme à plaisir
Que ce cœur par ta main s'était senti blessé.
Tu l'as remué pourtant, espoir de mieux sentir
Ton œuvre, ou peut-être, de pouvoir le bercer.

Mais un épanchement répugnait à mon âme,
Elle dissimula son intense douleur.
Puisque tu le voulus ce triste et sombre drame
Que saurais-tu trouver pour me sécher les pleurs?

A l'apôtre

Si jamais un beau jour,
Germaient dans ta pensée
Les bienfaits exaucés,
Te remplissant d'amour,

Apprends que du bon Dieu
La richesse infinie
Echouera à celui
Qui espère en tout lieu.

Le Maître qui fait tout
Nous a donné Son Cœur.
On ressent grand bonheur
Quand on joue Ses atouts.

Il est toute science,
Amour, miséricorde.
De Lui grâces débordent
Quand on montre patience.

Car l'attente pénible
Qui nous saigne le cœur
Démontre au doux Seigneur
La foi dont Il est cible.

Fais montre de ta foi,
Fais en part à chacun.
Au moment opportun,
Va crie la sur les toits.

Là encore ils verront
Où tu t'es accroché
Et comme un entiché,
Mets les au diapason.

Chacun de nous ici
Offre sa quote-part.
Il pétrit les cossards
Et vite ils fructifient.

Permets que Sa chaleur
Que Son Esprit t'inspire,
Convertissent les pires
Constatant ton ardeur.

Il faut Lui ramener
Le plus grand nombre d'âmes.
Son Cœur qui le réclame
Saigne d'être peiné.

Il faudra réparer
Les froideurs, les oublis
Et les affronts aussi,
Trop souvent perpétrés.

Ainsi vibre d'amour
S'il t'arrive à penser
Aux plaintes exaucées,
Quand se lève ton jour.

***

Soudainement

Longtemps, longtemps je te le dis,
Je resterai à ta merci.
Le temps passé à t'adorer
Jamais ne sera déploré.
C'est un baume à mon cœur brisé,
Un espoir à jamais blasé.

La chaleur tendre qui m'engouffre,
Ces larmes me coupant le souffle
Résultent toujours chaque fois
Que ton nom mon pauvre esprit boit.
Alors je reste là broyé
Sous mes regrets trop mal payés.

Et je pense et je pense encore
A toi, mon unique renfort...
Il m'arrive ces épisodes
Qui m'attisent comme électrodes
Rallumant périodiquement
Un monde vif de sentiments

Je ne sais pourquoi ni comment
Ils choisissent certains moments.
Mais sans manque ils ouvrent la porte
Et soudain, ces émotions fortes
S'emparent de mon triste for
Et librement mon cœur, dévorent.

★★★

Quand vient la fin

Et comment feras-tu? Enseigne-moi ton tour.
Comment oublieras-tu nos nuits de grand amour?
Ça me rend fou de peur des nuits, seul dans le noir,
Peut-être pourrais-tu rester encor un soir.
C'est que ma vie sans toi est un jour sans soleil,
Un Paradis sans Dieu, un cauchemar sans réveil.
Et puis il y a ton sourire,
Ce visage qui m'attire.

Ce jeune homme qui attend au chaud dans son chalet,
Tes écarts de faiblesse, les ignore, je le sais.
Mais tu t'en fous pas mal de mon déraisonnement
Et t'amuses des yeux pas trop furtivement.
Et voilà que d'un coup tu veux qu'on soit amis,
Tu m'offres ta main froide quand bien tout est fini.
Oui tu veux tout détruire,
Avec mon cœur t'enfuir.

Mais voilà que revient à ma mémoire troublée
Ces moments où tout droit tu fuyais dans les nuages.
Je crois te voir encor certains soirs, attablée
Si pensive. Mon amour n'a pu te mettre en cage.
Mais si tu veux quand même aujourd'hui en finir
Et si de tes beaux yeux tu m'ôtes la clarté,
Bien qu'au fond de mon cœur je t'aime à en mourir
Je saurai ma colombe, te mettre en liberté.

Mais tu vins dans ma vie quand je n'avais plus rien,
Tu me donnas la vie, deux ans calmes et sereins.
J'appris à voir le monde dans tes yeux couleur miel,
Et certains soir d'orage j'y ai vu luire mon ciel.
Tu dis que de l'amour et de ses grands chagrins
Aucun cœur sur la terre n'arriva à sa fin...
Qui parle de mourir?
Les souffrances sont pires.

Là tu cherches une excuse mais va-t'en, oui, c'est mieux,
Surtout fais pas semblant de t'affliger pour peu.
Je reprendrai ma main et le tiendrai bien ferme
Et t'écrirai le soir de plus tendres poèmes,
Où il sera question de cœur dénué d'amour,
Qui traiteront de reine à qui l'on fait la cour;
Elle aura ton sourire,
Ce sourire qui m'attire.

Plaintes

La solitude me fait peur
Si je n'y vois pas ton sourire,
Mais mon bonheur n'a point d'égal,
Quand tu es là, c'est le délire.

La brise ironise mon cœur
Si ton haleine ne s'y mêle.
Elle me berce avec douceur
Quand tu es près de moi, fidèle.

Je n'aime point le ciel sans toi
Il rend plus vaste ma détresse.
Si tu l'admires avec moi
J'y trouve une suave allégresse.

Même le soir que je chéris,
Est tombeau si tu ne l'éclaires.
Quand tes yeux sont là, douce amie,
Il m'est délice salutaire.

L'amour et la haine

De part et d'autres de ce monde
Les cœurs humains l'amour féconde
Et provoque rires et pleurs
De nos joies et de nos malheurs.

De part et d'autres de ce monde
La bête noire fait sa ronde
Et nous dérobe toutes fleurs,
Nous laissant que sombre rancœur.

Car les cœurs de nature humaine
Qu'ils suivent l'amour ou la haine,
Introduisent de par le monde
Des fluides à actions profondes.

De part et d'autre de ce monde
Les cœurs humains le bon Dieu sonde
Car le libre arbitre, à toute heure
D'amour, de haine, rend porteurs.

« Indwelling »

De mille et mille et une nuits
A mille et autant plus de jours,
De ces hier à ce jourd'hui,
Tu connaitras toujours l'amour.

Il restera ancré en toi,
Planté tout au fond de ton âme,
Sera réflexion de ta foi,
Ta foi que partout Il enflamme.

De mille et mille et une nuits
Jusqu'à tes pauvres derniers jours,
Si en tout, en tout tu Le suis,
Dieu habit' ra en toi toujours.

A Léonne Bazin PierrePierre

Mon poète préféré

J'aimerais tellement te l'avoir dit avant
Mais les murs d'au-delà ne s'y mettront pas contre.
Je veux du fond du cœur, par des vers impuissants,
T'avouer d'ici-bas ce que je n'ai fait montre.

J'étais encor petit, un tantinet morveux,
Quand ferme et patiente tu m'exposais aux livres.
Je t'écoutais à peine, pensant bien trop aux jeux
Qui étaient les appas pour qui je voulais vivre.

Tu m'enseignais de tout car rien ne t'échappait.
Certains matins choisis c'était l'arithmétique.
On faisait du latin, du grec, plus tard l'anglais,
On traitait faits divers, découvrait l'Amérique.

Et quand il arrivait le temps de rédiger,
Mon esprit somnolent refusait tout effort.
Tu offrais analyse ou dictée corrigée,
Ou nous lisais des vers à nous, pauvres consorts.

Ainsi se déroulaient tous nos matins d'été,
Matins de plume et d'encre que je détestais,
Matins où tu souhaitais plutôt nous allaiter,
Matins ensoleillés qui souvent m'attristaient.

Mais ces jours trop tranquilles, monotones et rasants,
Remplis de rêves de vacances en campagne,
Alimentaient des mois qui devenaient des ans
Pour me voir un beau jour gravir cette montagne.

Ce morne l'Hôpital, horizon de l'ennui,
Ce morne qui bornait ma vue, mon univers,
Ce morne qui offrait à mon esprit gratuit
Tout son monde caché dans ses recoins de vert.

C'est bien dans ce décor, de fresque ensoleillée
Que jaillit de mon for cette étincelle d'or.
Ce goût d'alexandrins et de rime égayée
Se tapit dans mon cœur, bien qu'ignoré encor.

Et comme un vrai trésor, jamais il ne tarit
Mais s'est alimenté suivant de bons modèles.
Pourtant il ne permit de faire aucun pari
Ni sur mon avenir, ni sur mon vrai appel.

Un certain jour de joie, en fin de mois d'avril,
Je lus ton œuvre à moi humblement révélée.
Elle installa en moi cette essence subtile
Malgré bien des années de vie écervelée.

Et quand un jour donné, jour de maturité,
Tu jugeas que déjà fallait prendre relais,
Tu vins de ton néant avec autorité
Me montrer ce qu'en moi jamais je décelais.

Tout comme par magie, frayant l'enchantement,
Je découvris ma joie, mon amour de la rime.
Ce compagnon fidèle de joies ou de tourments
Qui m'infuse souvent de ces idées sublimes.

Je porte ton flambeau, toi qui bravas la mort.
Je le tiendrai bien haut, à ton style adhéré.
Du plus profond du cœur je t'avouerai encor
Que je t'aime toi, mon poète préféré.

Mon Dieu

Dans Ton unicité, Seigneur, Tu es partout,
Dans l'âme du penseur et dans l'âme du fou.
Dans Ton immensité, Seigneur, Tu nous retiens,
Versant comme il Te plait Tes grâces et Tes biens.

Je Te glorifierai pour ta miséricorde
La nuit comme le jour, Force, Tu nous accordes.
Tu remédies toujours où tout juste on faiblit.
Bon Père divin, nos manques Tu rétablis.

Fais, nous T'en supplions, que bien sous ton égide,
Dans ta divine paix, Ton grand Esprit nous guide.
Nous irons par le monde répandre Ton Amour,
A nos frères perdus, l'offrir à notre tour.

Toi vers qui mon coeur tend

Toi vers qui mon cœur tend
Et qui l'ignore encor,
Sais-tu de ses battements
En ressentir l'essor?

Il palpite joyeux
Au doux son de ta voix,
Il trépide nerveux
Quand tu es loin de moi.

J'ai beau lui faire entendre
La voix de la raison
Il ne semble comprendre
Que celui de ton nom

Qui le charme toujours
Par ce doux nom Chantal,
Depuis ce premier jour
De sa chute fatale.

Il semble s'accorder
Au fil de ma pensée
Qui ne veut que rôder
Sur tes mots prononcés.

Pourtant, il a connu
Bon nombres de dompteuses;
Pour certaines, il se tut,
D'autres il nomma briseuses.

Il semble que pour toi
Il s'éveille à nouveau
Bien que pour de longs mois
Il soit resté penaud.

Toi vers qui mon cœur tend,
Sauras-tu le bercer?
Ça fait bien trop longtemps
Qu'il meure de t'enlacer.

Un crime

C'est criminel ou non? Je ne sais, mais qu'importe
Le remords qui suivra peut-être ce suicide.
Je te tuerai mon cœur, que cette fin t'apporte
Le bonheur dont la vie est pour toi déjà vide.

A peine as-tu vu l'aube et c'est pour toi le soir,
Des éphémères joies la dégoutante lie.
Meurs et que désormais, rebelle à tout espoir,
Tu n'attendes plus rien de la cruelle vie.

Endurci, insensible et froid comme la pierre,
Indifférent au flot, au vent, à l'ardeur même,
Tu auras du mépris, de cette âme si chère,
Frapper ceux qui viendront te répéter « Je t'aime ».

C'est un crime, je sens, mais je te tue, qu'importe!
Le remords suivra bien mais après lui, l'oubli,
Seul baume souverain qu'à nos maux le temps porte.
L'oubli, cœur expirant, te rendra la vraie vie.

Toi que le ciel m'a volé

Dis-moi, toi, le moineau,
Toi qui vole là-haut,
Vois-tu de mon amour,
Le spirituel séjour?

Vois-tu de sa belle âme
La candeur et la flamme,
Rappelée dans l'éther,
Loin des joies de la terre?

Comme toi, le moineau
Elle vola trop tôt,
Me laissant souvenirs
Et albums à chérir.

Qui sait dans le ciel bleu
Où règne le bon Dieu,
D'une étoile tombée,
Elle aura la clarté.

Je le vois souriant
Dans Ses bras la tenant;
Et séchant tendrement
Ses pleurs couleur d'argent.

Car vois-tu toi moineau,
Il nous créa d'en haut
Pour vivre l'un pour l'autre
Comme prêcha l'apôtre.

Qu'adviendra-t-il de moi,
Qui dans mon désarroi,
Sens décroître ma foi
Et grandir mon émoi?

Moineau si un beau jour,
Tu lui parles d'amour
Chante-lui, je t'en prie,
L'hymne des gens proscrits.

Elle saura, l'oyant,
Combien jusqu'à présent
Mon âme la manquant,
S'éteint tout doucement.

Tempête

On connait de ces soirs où l'été qui fait rage
Tonne et gronde furieux assombrissant les nues,
Où les glaives de feux, précurseur de ravage,
Font trembler de frayeur les âmes ingénues.

C'était un de ces soirs et l'été faisait rage,
L'averse s'annonçait terrifiante et glacée.
Un vent incontinent se livrait au pillage
Et du ciel apeuré le voile était baissé.

C'était grande terreur car l'été faisant rage,
Vit la course affolée d'ailes noires sans nombre.
D'un deuil prématuré se couvraient les nuages
En étendant sur tout un manteau de nuit sombre.

Mais l'ombre était partout excepté dans mon cœur.
Heureux il sut défier la profonde tristesse
Qu'alors accompagnait l'ennui ou la frayeur,
Quand notre âme vivait l'indicible allégresse.

Ta présence chérie, nous dispensait le jour,
L'espoir et la gaité, la paix et la douceur.
Ton regard était là, m'évoquant ton amour,
Ton amour était là, m'enivrant de bonheur.

La tempête grondait... Notre cœur en a ri,
Car des baisers plus fous, des étreintes plus chaudes
Pour y mettre l'aurore, ont largement suffi.
Et nous avons vécu la tristesse en maraude.

Notre amour

L'amour nous vint ainsi, sans folie, sans mystère,
On se parlait plutôt d'estime fraternelle,
Et sans jamais léser cette affection si chère,
On sentait le lutin hardi se moquer d'elle.

Il riait d'un regard qui s'éteignait parfois
Ou d'une main dans l'autre attardée trop longtemps.
Du timbre qui trahit un indicible émoi
Ou du silence même, assez disert souvent.

Il riait... Et le cœur battait plus fort dans l'ombre.
Mais la voix s'obstinait, celant le cher secret.
Pourtant l'aveu des fois glissait dans la pénombre,
Tel un rayon de jour, subtil et tout discret.

Or voici donc qu'un soir, sans folie, sans mystère,
On se parla plutôt d'un amour tendre et doux ;
Et depuis qu'en nos cœurs vit cette flamme chère,
Il semble que le ciel a pris sa place en nous.

Mon cauchemar

Si un jour de nuages sombres
Ta main de la mienne échappait,
Je braverais nuits de pénombre,
M'armerais d'un vaillant toupet
Pour me rattacher à ton ombre,
A mes effrois mettre la paix.

Ne me demande pas pourquoi
De pareilles pensées me hantent.
Peut-être qu'au fond de ce moi,
Ton air de déesse insouciante
Me ravit ce rôle de roi
Pavanant devant sa régente.

Je songe encore à cet amour
Que tu me jures à tout instant,
Dont tu me couvres nuit et jour
Et qui en moi résonne tant.
Mais tous tes serments pour toujours
Ne soulagent pas mes tourments.

Je fais des pirouettes osées
Pour calmer mes muettes craintes
Mais mon esprit décomposé
Me glace et élans et étreintes
Et en retour te fait poser
Justes questions en bon maintes.

Mais ne conclus pas, je t'en prie,
Je changerai, je te le jure.
Faudra que ce que j'ai appris
D'expérience un jour, me rassure.
Ces dires teintés de mépris
Cachent un amour sincère et pur.

Alors me revient ce cauchemar;
Ma main de ta main séparée-
Mais je sais qu'il n'est pas trop tard
Pour que je vienne réparer;
Rendre ainsi à ton doux regard
Son soleil si chaud et doré.

De maman

Premier baiser

Sur ma lèvre est née une fleur,
Prémices de mon tendre amour.
La pure fleur de mon bonheur
M'a grisée de charme ce jour.

Vis, ô parfum de ma jeunesse,
Inaltérable quintessence,
En mon cœur assoiffé d'ivresse
Et d'ineffable jouissance.

Doux silence où j'ai communié
A cet amour qui fait ma vie,
Solitude jamais reniée
Fais-moi revivre, je t'en prie,

Les délices du doux instant,
Où le cœur vibrant d'allégresse
Je reçus le retour fervent
De ta chaleureuse tendresse.

Premier rayon de mon aurore,
Toi mon chaste baiser d'amour,
J'ai dans mon cœur fait une amphore
Où parfum, tu vivras toujours.

Baiser, ma lèvre en vain, voulu t'éterniser.
Souvenir, mon cœur a su t'immortaliser.

***

La solitude

La solitude nous attend
A chaque tour du grand chemin.
Sa main câline elle nous tend
Sans soucis de nos lendemains.

Elle invite silencieuse
A découvrir le mystérieux.
Elle le montre, un peu peureuse,
Quand on est bien trop malheureux.

C'est qu'avant tout elle est compagne
De verres vides et de mégots,
Preuves de cœurs jetés au bagne
Et d'âmes cheminant solo.

Elle s'amène souriante
Offrant ses trésors bien cachés
Dont l'âme seule se contente
Quoiqu'ils soient par d'autres alléchés.

C'est une compagne tranquille
Qui n'interrompt pas les pensées.
Elle les sait bien trop fragiles
Quand l'esprit est si bouleversé.

*A quiconque sait l'accepter
Elle dévoile ses attraits
Que l'on ne saurait acheter
Eût-elle été un beau portrait.*

*Au moindre bruit elle s'enfuit
Ou prend la place secondaire
Et là elle attend jours et nuits
Comme une cruelle panthère.*

*Mais quand enfin elle a la chance
Et prend sa place auprès de nous,
Notre manque de révérence
Ne l'exaspère pas du tout.*

*Elle comprend, grande ouvrière,
Que cette mission imposée
Est pour le sujet la charnière
Possible de demains rosés.*

*Car elle ne veut pas avoir
Dans nos cœurs des places d'honneur,
Plutôt préfèrerait nous voir,
De ses beaux discours, récepteurs.*

Il faut quand même lui montrer
Un ton sincère de gratitude
Car elle est là pour illustrer
Du silence la plénitude.

Alors elle instruit doucement
Très imbue des choses cachées
Qu'elle nous enseigne au moment
Où l'on cesse de pleurnicher.

Ainsi on découvre la vie,
Nos joies, nos peines et faux pas,
Tout ce dont on a tant envie,
A bien de différents appas.

Car la solitude souvent
Nous baigne de son grand silence
Qui se révèle doux moments,
Quand on embrasse nos souffrances.

✭✭✭

Appel

Cette persistante pluie
Qui te tient captif, loin de moi,
Inonde mon âme d'ennui.
Il fait terne et froid.

Je voudrais ta main dans ma main
C'est notre désir.
Nos cœurs s'étaient dit « A demain »
Hier avec plaisir.

Mais le brouillard vint cette nuit
Envahir notre rêve.
L'onde folle et floue de la pluie
Coule et coule sans trêve.

Le cœur alors comme un oiseau
Dont la cage étouffe la voix,
Entre ces rigides barreaux
Se débat en moi.

Ma lèvre garde son silence,
Mon œil s'ouvre pour ne rien voir
Car je n'étreins que l'espérance
De bientôt, Chérie, te revoir.

Pour bannir au loin ce froid lourd
Et ravir à l'ennui mon âme,
Je te veux près de moi, Amour,
De ton regard je veux la flamme.

Notre Dieu

Allons, allons, mon bel enfant,
Allons remercier le bon Dieu.
Il est toujours réconfortant
Et très miséricordieux.

Il a voulu que par amour,
Ces misères que tu as connues,
Ce drame qui te prit à court
Aujourd'hui semble superflu.

Il prend toujours sous Sa tutelle
Les cœurs perdus, les attristés
Et redonnent de fortes ailes
A tous moineaux qu'on a blessé.

Rappelle-toi que dans la vie
En Lui tu peux tout retrouver,
L'amour et la richesse aussi
Quand même Il t'aurait éprouvé.

Sentence

Pour n'avoir pas appris
De la vie le secret,
Ne t'être pas repris
Après tant de méfaits,

Vois combien de blessures
Tu causas à tes frères
Et pourquoi, j'en suis sûr,
Tu restes solitaire.

Faudra pour balancer
Autant d'affronts causés
Que tu viennes incarner
Plus d'une vie peinée.

A toi maman

D'une mère indigente
Connais-tu les souffrances,
Belle enfant exigeante
De vivres de semence?

Ton regard s'adoucit,
Tu gambades plus fort.
De tes lèvres flétries
Tu lui souris encore.

Elle a beau exigé
De toi que tu sommeilles,
Tu te laisses griser,
Chantonnes, t'émerveilles.

Mais chaque fois qu'au fond
De ton être débile,
Tes viscères le son
Vide, creux mais subtil

Te ramène à l'esprit
Ce jeune qui s'impose
Sur ta novice vie,
Tu t'arrêtes, morose

*Tu lui reviens alors
Et dis: « Maman, j'ai faim »
Et tes yeux qui implorent
Lui fendent l'âme en vain.*

*Car vois-tu elle aussi
Depuis le jour d'hier,
N'a pas eu de sursis
De sa salive amère.*

*Elle n'a que trop prié
De son plus profond for,
Elle reste criblée
De peines pires encore.*

*Car te voyant souffrir,
Petit ange innocente,
C'est tout au fond mourir;
Sa douleur tu augmentes.*

Elle t'a tout donné,
De lait et de nuits blanches,
N'oserait te priver
De pain ce beau dimanche.

Son cœur saigne d'amour,
Pressé par la douleur,
Ce dont elle est à court
Elle l'offre en ses pleurs.

Et le bon Dieu là-haut
Qui fait bien toutes choses
Lui réserve en cadeau
De Ses divines roses

Car mon enfant, vois-tu,
Ta mère l'indigente,
N'est jamais inconnue
Au Dieu qui tout arpente.

Pluies de roses...Pluies d'amour

Il pleut des roses d'un soleil bleu
Il pleut! Délicieuse chose!
Il pleut de l'ivresse
Il pleut toujours
Il pleut! Quelle allégresse
Il pleut! L'amour nous chante au cœur
Il pleut du bonheur
Il pleut! La joie nous grise!
Il pleut des roses sur les yeux
Il pleut! Douce chose
Il pleut sans cesse! Quelle allégresse
Il pleut pour toi, tendre jeunesse
Il pleut toujours
Il pleut de l'amour
Il pleut! Vive les cœurs!
Il pleut! Vive le bonheur
Il pleut de fous baisers
Sur les yeux
L'on frissonne
Et les lèvres résonnent.
Il pleut, l'on est grisé!
Il pleut! Le ciel est beau
Il pleut! Tout est nouveau
C'est le miel

De l'amour
Et des fleurs
Que son aurore
Au souffle enchanteur
Fait éclore
Pour les yeux
Des heureux.
Il pleut
Il pleut toujours
Il pleut
Vive l'amour
Mais demain
Ne pleuvront
Que des fleurs mauves
Hélas!
Demain ne tomberont
Que des violettes...
Il pleut
L'on se regrette
Il pleut
Et l'on s'inquiète
Il pleut!
C'est la vraie pluie
De l'ennui
Il pleut
Mais des adieux!

Plus ne pleuvra
Sans cesse
Que de tristesse
Hélas!
Plus de roses!
Il pleut
Mais des heures
Moroses
Et de sombres fleurs
Il pleuvra!
De bonheur
L'on sera
Bien à court
Il pleuvra
Du dépit
Il pleuvra
Du dégout
Et du ciel
Tomberont
Des pétales
Bien sombres:
Soupirs
Qu'exhale
Dans l'ombre
Le bonheur
Qui expire.

Si un jour

Si un jour dans la vie
Tu rencontres un ami,
Pense à Celui qui dit
Qu'on n'est jamais sans Lui.

Si un jour dans la vie
Ton ciel est un peu gris,
Aspire au Paradis,
Tiens ferme, je t'en prie.

Si un jour dans la vie
Tu croises ta jolie,
Je te dis, remercie
Dieu; je suis seul aussi.

Si un jour dans la vie
Il te dit: « C'est fini »,
Va vers Lui qui s'inscrit
Vérité, Voie et Vie.

Mains séparées

Des deux côtés de notre histoire
Se montrent des larmes amères.
Des deux côtés de nos déboires
On se dévore et cœurs et chair.

Car quand l'amour ne répond pas
A nos invitations osées
Les convives voient le trépas
Des espoirs de nos cœurs brisés.

Et puis l'on vit chacun pour soi,
Seul l'amour de Dieu pour nous tous.
Et puis l'on vit sans toi et moi
Car le nôtre, il a eut la frousse.

Ainsi on chemine flétri,
Dénué de tendresse habituelle,
Ainsi on chemine proscrit,
Nourri d'inimitié mutuelle.

Car vois-tu quoiqu'on puisse en dire,
Nous nous aimions bon gré, mal gré.
Les mots durs dits de mal en pire
Surent nos deux mains séparer.

Et nous restons et cœurs et chair,
Allaitant notre triste histoire,
Notre histoire que mots amers
Jetés entre nous ont fait choir.

***

Nos pleurs

Quand de la nuit Tu chasses le grand voile,
Quand dans ton ciel Tu éteins les étoiles,
Semant l'amour, faisant lever le jour,
Des tourments, Maître, peux-Tu nous mettre à court?

Ta Main semant peines, joies et douleurs
Pourrait aussi nous en sécher les pleurs.
A tout instant sur nos épaules pèsent
Des croix diverses qui toujours nous lèsent.

Mais tous nos pleurs, toujours Tu nous rappelles,
Gardent allumée la divine étincelle
Placée en nous au jour de la naissance,
Contrecarrant l'éternelle déchéance.

A Junie

Dis-donc

Je pense à toi, je pense à toi.
Sais-tu combien je pense à toi?
Je pense à toi tant que j'y crois
A mon vieux sort, à mon émoi.

Je pense à toi, je pense à toi,
Mais dis-donc, le ressens-tu, toi?
Mon âme vers toi qui s'accroît
Me laissant tout seul dans ce froid.

A Marijune

Lune de miel

Viens donc, ma belle enfant,
Te blottir contre moi,
Elles attendent longtemps
Les étoiles en émoi.

Toutes elles s'émerveillent
De notre grand amour,
Avant que tu sommeilles,
Veulent te dire bonjour.

Elles sont les témoins
De notre accord si doux
Et bien qu'étant très loin
S'y réjouissent à grand coup.

Nous sommes donc partis
Pour le pire ou meilleur.
Ce que Dieu a unit
Reste gravé au cœur.

Car ils s'aviseront
De tout nous dérober
De ce céleste don,
Par amour concédé.

Viens donc, ma beauté, viens.
Viens donc me prendre tout,
Avant qu'il soit demain
Aimons-nous jusqu'au bout.

***

Espérer et aimer

De la nuit solitaire
Connais-tu le mystère,
Toi qui erre sans but
Dessous du ciel sans nues?

Tu marches lentement,
Accablé, nonchalant,
Ruminant dans ton âme
Un sort triste et infâme.

C'était hier encore,
Là dans ce beau décor,
Tu resserrais très fort
Dans tes bras ton trésor.

Alors désarçonné,
Tout prêt à déconner,
Tu sens que de ta vie
La raison s'évanouit.

Mais tu ne saisi pas
Le frôlement de pas
De ces amis fidèles
Te couvrant de leurs ailes.

Ils souffrent de ta peine
Sous cette nuit sereine
Et ton manque d'espoir
Rend la nuit bien plus noire.

Il y a grande logique
A ton destin inique;
Toujours de grandes peines
De grandes joies proviennent.

Et ce noir corridor
Où gît ton âme encore
Te cache les trésors
Gagnés de prime abord.

Car si tu crains ton Dieu
Et Le sert en tout lieu,
Tes vœux les plus secrets
Il les a à souhait.

*Pourquoi donc méditer
Sur des notes ratées
Quand la chanson entière
A de bien plus beaux airs.*

*Espère en ton Seigneur,
Lui qui t'aime à plein cœur.
Il tient toujours parole,
Il bénit et console.*

*Et quand il te parait
Qu'aimer tu n'en peux mais,
Jette ton cœur débile,
Souffrant et trop fragile*

*Dans la Source divine
Qui redonne la vie,
Le Maître de tout cœur,
Ton Jésus, ton Sauveur.*

Mon sort

Les roses du printemps
Ont fleuri
Puis fanées
J'ai attendu longtemps,
Cœur meurtri,
Délaissé.
Je t'aime trop encor,
Triste sort
Dur à boire.
L'amour est le plus fort,
Donne essor
Et espoir.
Les sentiments qu'on sème
Que d'amour
Ou de haine,
On récolte de même
Tristes jours,
Plein de peines.

Drôle d'inspiration

Je peux rester longtemps ainsi
La plume à la main accrochée
Si ma muse n'en fait pas soucis
Mes idées restent embuchées,
J'ai l'inspiration empêchée.

Et le temps vient et le temps passe,
Plume contre papier, fâchée.
Le rien entre mes tempes amasse
Qu'espace vide à chevaucher.
J'ai l'inspiration empêchée.

Parle moi ou ignore mon être,
Dans mon siège, bien attaché
Je conserverai ce bien-être
Dont mon âme est tout alléchée.
J'ai l'inspiration empêchée.

Pardon si je vous fais attendre,
Moi qui n'expie aucun péché.
L'avion ne va pas descendre
Des nuages au ciel accroché,
J'ai l'inspiration empêchée.

Et pourtant tout semble nous plaire
Des feuilles d'automne séchées,
En essayant de se distraire
On se lasse d'ainsi pécher;
J'ai l'inspiration empêchée.

Mais encore il faut bien en rire
Que de rester ainsi fâché.
Sais-tu que ce serait bien pire
D'avoir des fesses à lécher.
J'ai l'inspiration empêchée.

Déjà il va falloir descendre;
L'avion n'a pas trébuchée.
Que l'on me décore ou qu'on me pende
Ma muse on me l'a bien fauchée;
J'ai l'inspiration empêchée.

J'avais comme but de décrire
Mon état d'âme en chevauchée.
Les nuages d'azur s'étirent
Mais gardent silence étanché,
J'ai l'inspiration empêchée.

Ne pleure pas, mon cœur

Ne pleure pas mon cœur,
Ce n'était pas ton heure.
Ne pleure pas mon cœur,
De l'amour n'ait pas peur
Car s'il faut qu'aujourd'hui
Elle pense à autrui,
Il faut bien laisser faire.

Ne pleure pas mon cœur,
Reprends-toi de bonne heure.
Ne pleure pas mon cœur
Tu l'auras ton bonheur
Car le temps assainit
Tous maux de cœur acquis,
Et nous rend moins austère.

Ne pleure pas mon cœur.
Assez, sèche tes pleurs.
Ne pleure pas mon cœur
Car Il t'aime, ton Sauveur.
Bien longtemps Il t'offrit
Son cœur d'amour meurtri,
Qui rend les croix légères.

Espère

Pourquoi donc cet air attristé,
Pourquoi penser que c'est raté?
Ce que tu crois qu'on te refuse
N'est pas ce qu'en besoin on use.
Le Dieu d'Amour qui tout pourvoie,
Tes plus grands besoins Il les voit
Et dans Sa science infinie
Les accomplit au grand fini.

Nos blessures

Quand nous viendra le temps qui guérit les blessures,
Quand nous viendra le temps d'oublier nos tracas,
Nous nous retrouverons, vieux amours bien trop mûrs
Et nous nous rediront nos tances de combats.

Alors tout embrasés de cet esprit d'entente
Qui tant que protecteur, nous aurait allumé,
Nous nous reprocherons d'avoir souffert l'attente
Qui tant que salutaire aurait tout entamé.

Raffermis, soutenus par nos cœurs enlacés,
Nous aurons décroché la palme du vainqueur
Qui arrive toujours au moment agencé
Quand de la Providence nous parvient le bonheur.

Alors en ce temps là, rassasiés et repus,
Nous nous aimerons fort d'un amour infini
Et nous nous réjouirons d'avoir atteint le but
Quand toutes nos blessures le temps aura guéri.

La plume du penseur

La plume du penseur ne se lasse jamais,
Il flotte d'une idée à un sage conseil.
L'encre peut lui manquer, quant au papier, pareil,
Arrêter ses pensées, cela il n'en peut mais.

Il aura beau oser calmer ce fleuve en cru
Qu'au moins d'instant conscient déjà il fait ravage.
Et à plein cours de nuit, réclame plume et page
Au corps souvent lassé de travaux longs et drus.

La seule récompense est dans l'œuvre finie;
Souvent elle est pareille à la joie d'une mère
Contemplant son petit après couches amères,
Oubliant le labeur qu'elle a juste fourni.

Le plume du penseur ne se pose jamais,
Toujours d'un point de vue à un autre présage.
Et lorsqu'on croit enfin qu'il complète une page
Il vous présente alors de plus fins entremets.

Ecoute

Sois exact, sois précis
Mais sois gentil aussi.
L'art de communiquer
A beaucoup a manqué.

Ecoute avec patience.
Aie de la bienséance.
Traite interlocuteurs
D'un bon ton, de bon cœur.

Ouvrir grand son gosier
Est parfois bien grossier.
Pour n'être pas pareil,
On ouvre les oreilles.

Et par enchantement,
Avant qu'il soit longtemps,
Vois vers toi qui se tendent
Deux anses qui t'entendent...

La parole d'argent
Se vend pas au comptant,
Mais le silence d'or
Est plus précieux encor.

La traversée

Si encore, tu le ressens ton cœur,
Il faut aller le cœur battant vers la lumière ;
C'est là que se trouve ton bonheur
Quand de ta vie tu laisseras tout derrière.

Pourquoi donc t'effrayer
En sombrant dans ta nuit,
Pourquoi cet air peiné
Quand pour toi c'est fini ?

Accepte ton destin,
Pense à ce qu'Il a dit.
Tu crois que c'est fini,
Tu regagnes ta vie.

Il attend au-delà,
Le Maître de ton âme.
Fais donc ce dernier pas,
Déjà Il te réclame.

Tu as toujours vécu
Avec Lui comme guide,
Trop souvent combattu
Avec Lui pour égide.

Laisses tous ces trésors
Avec lueurs folles,
Elles causent du tort
Et aussitôt s'envolent.

Va où tout est amour
Au grand pays des âmes.
Va-t'en le souffle court,
Va récolter ta palme.

A Marijune

Jours et nuits

Sais-tu pourquoi je pense à toi si tendrement?
C'est que de mon esprit tu fais l'enchantement.
Tu causes jour et nuit tous ses frémissements,
Lui faisant admirer les feux du firmament.

Jamais de telle fée il n'a connu l'adresse;
Bien qu'étant loin tu le couvres de tes caresses.
Il frémit jours et nuits en goûtant cette ivresse,
Tout comme par magie, retrouve sa jeunesse.

C'est pourquoi tu seras son bel astre de vie.
Mon cœur et mon esprit à toi je les dédie.
Serre-les contre toi, prends soin d'eux, je t'en prie,
Tu feras leur bonheur tous ses jours et ses nuits.

Changement

Dis-moi mon ange, dis-moi ma mie,
Dis-moi toi qui teintes ma vie,
Dis-moi pourquoi, je t'en supplie,
Ces roses, l'hiver ont fleuri.

Ton front qui attire mes lèvres
M'interdit toutes tes pensées.
Tes yeux où je cherche ma trêve
M'éclairent dans me traversée.

Je porte ton nom pour bannière
Plantée au fin fond de mon âme.
Tu es soleil, astre, lumière,
Alors tes doux rayons m'enflamment...

Dis-moi mon ange, dis-moi chérie,
Toi qui rends si tendres mes nuits
Pourquoi soudain dans tes yeux gris
Ces roses d'hiver ont flétri.

L'amour

Moi j'ai pas beaucoup voyagé
Mais j'ose quand même énoncer
Ce dicton sage;
On n'est jamais trop altéré
Quand d'amour on est saturé
Dès son jeune âge.

Aimer à l'homme, fait des délices,
Privé d'amour est un supplice,
Digne de bagnes.
Car c'est en aimant qu'on se donne
Et en donnant de sa personne,
C'est là qu'on gagne.

Aimer au cœur est salutaire,
Il ne bat qu'aux sons de ses airs
De symphonies.
J'ai bien vu des gens comme nous
Qui possédaient beaucoup de sous
Faire des folies.

Car sans amour le cœur qui bat
Le fait au rythme d'ici-bas,
Sans métronome.
Il n'entend pas de l'âme sœur
Les échos des élans de cœur,
Vitaux aux hommes.

*On les retrouve un de ces jours,
S'étant sacrifiés hauts et courts,
Lassés de vivre,
N'ayant pas d'amour autour d'eux,
Périssant dedans autant que
Privés de vivres.*

*L'amour agit comme par magie,
Même les peines il assouvit
Sans faire de drames.
L'amour les blessures, guérit,
L'amour rend l'âme plus jolie;
C'en est le charme.*

*Allons donc tout droit au bon Dieu
En Lui demandant en tout lieu
Qu'il nous ravive
Car seul par son Esprit donné
On reçoit toutes les données
Connues pour vivre.*

*Aimons-nous en toute occasion,
Aimons-nous sans hésitation,
Ni préjudice.
Aimer c'est la grande leçon
Qu'Il nous fit jusqu'à Sa Passion,
Sans artifice*

Car en aimant, on se révèle
Digne de notre Dieu du Ciel,
Jésus, notre Christ,
Et si l'amour ouvre les portes,
Qu'au Paradis il nous emporte
En nous rendant la vie moins triste.

A Marijune

Ma muse

Si je te disais que je t'aime,
Qu'en dirais-tu, qu'en dirais-tu?
Si je t'écrivais des poèmes,
En lirais-tu le contenu?
Tu causes que mon cœur gambade
En portant ton nom en parade
Et rendant honteuses chamades.

Ainsi j'écris ce divin thème
Où il est question d'amour fou.
Le refrain parle de toi même,
Oui de toi, ma muse aux yeux doux.
Car si de nature il balance
Mon cœur connait ses jours de chance
Et apprécie sa délivrance.

La vie

Car en vain on attend
Le changement des saisons
Mais la vie prend son temps,
A fredonner ses chansons.

Il y a un temps pour rire,
Il y a un temps pour pleurer,
Quand il te faut vieillir
Fais-le donc sans pleurnicher.

Car en vain on attend
Le changement des saisons,
Mais avant bien longtemps
Il pointe à ton horizon.

Le jardin de mon âme

Le jardin de mon âme est une terre verte
Plantée par ci par là de petites fleurs prêtes
A s'épanouir porteuses de joies ou bien de peines
Au milieu de ronces et d'épines en traine.

Des oiseaux bien nombreux chantent des airs joyeux
Mais des corbeaux d'ébène y croassent, ennuyeux.
Les journées de soleil sont de bien loin grand nombre
Mais les nuits n'offrent rien que mystères et pénombre.

Le vent vient de partout et apporte toujours
De nouveaux inédits et chaleureux discours.
Les arbres ont poussé des racines profondes
Pouvant endurer toutes les charges du monde.

Car nourris de misère autant que de tendresse
Ils grandirent d'amour, pétris par mains maitresses
Guidant des travailleurs tous dédiés à la tache,
Soumis au grand Patron, bien que Lui, Il se cache.

Plusieurs y sont passés comme des étrangers.
Peu ont pensé rester et la vie partager
Mais les vents de jeunesse, en des prairies voisines,
Les sauraient transportés. – Là ils ont prit racines.

Certains de haute taille m'ont laissé leur ombrage
Mais plus tard dans la vie, quand on est enfin sage,
Ils devinrent alors des causes de tristesse
Où dans les nuits d'hiver, on maudit ses faiblesses.

Le jardin de mon âme est encor grand ouvert
Au tout premier passant y marchant au travers.
Mais au fin fond du sol, il garde ce secret
D'un lendemain meilleur, d'un futur plus discret.

Alors à ces oiseaux, corbeaux, fleurs et épines,
Ces jours ensoleillés, matins de neige fine,
Ces étrangers passant qui ont pensé rester,
Ces autres qui revinrent avec but de dompter,

A tous ses travailleurs qui se sont épuisés
De tendresse, d'amour et de foi aiguisée,
Je dis merci beaucoup pour cette vie de drames,
Reflet bien trop parfait du jardin de mon âme.

Du Jazz des Jeunes

Fleur de Mai

Mai, fleur de Mai, le printemps rassemble des voix
Pour bercer de chansons nos tendresses,
Mai, la fleur des caresses
Déjà j'veux dans le soir
Tes grands yeux noirs.

Mai, fleur de Mai, je voudrais me griser de toi
Jusqu'au bout de l'ivresse, jusqu'à l'aube,
Dans les plis de ta robe
Enfermer toutes les chansons
De la saison.

Je te propose des sentiers près du ciel
Où les baisers s'effeuillent au carrefour,
Je te propose mille sentiers éternels,
On en veut vite au flanc du jour.

Je te dédie mes soupirs d'autrefois,
Tous mes chagrins et toutes mes joies.
L'ombre t'attend, fleur de Mai, viendras-tu
Au rendez-vous des promesses du printemps?

Demain

Demain, oh oui demain, quand le jour reviendra
Je laisserai mes peines enrobées dans mes draps
Espérant ne plus revenir.
Les nuits que je traverse seul avec mon silence
Ne m'apportent qu'effroi, et obscure malchance
À visiter mes souvenirs.

Ils viennent trop souvent et s'offrent dans le noir
Des places dans mon lit, frôlant mon désespoir
Qui m'arrive et ne part jamais.
Je m'accroche à des rêves comme à de frêles épaves
Et ne voit d'horizon à travers cette entrave,
Que ce que le destin tramait.

On a toujours en soi qu'on se l'admette ou pas,
Découlant d'un passé terni par nos faux pas,
Des ces croix subtils qu'on endure.
Qu'importe la corvée, et même les souffrances!
On tient toujours en soi cette douce croyance
Réparant toutes nos blessures.

Au lever du soleil on s'élance et bondit
Avec cette assurance qui toujours s'agrandit,
Carotte pour nos museaux d'âne.
On nous remplit d'espoir rien que pour avancer
Car il faut bien de l'aide à nos roues enfoncées,
Sinon fatale serait la panne.

Sans l'aide subtile du Grand Esprit divin
On serait enlisé en pataugeant en vain
Sombrant dans le monde mouvant.
Mais l'Esprit qui anime en nous prêtant Sa vie
Donne tout ce qu'il faut avant qu'on ait envie
Nous exhortant tous vers l'avant.

On vit au jour le jour priant chaque matin
Pour recevoir le pain. L'âme vient au festin
Et reçoit force et directives.
Elle vient humblement et se tient prosternée
Devant la Majesté, celle dont elle fut née,
Qui épargne perte et dérive.

Béni soit le grand Dieu qui donne l'espérance.
Son Esprit fait sa ronde et bénit à outrance
Toutes créatures sur terre.
Le soleil, sa chaleur, l'air pur et puis l'eau fraiche
Sont à tous et gratuits quoique le monde pèche
Et qu'il s'acharne à Lui déplaire.

Mais demain c'est tout autre, demain tout peut changer,
Demain offre une chance où tout peut s'arranger
Grâce à l'espoir qui brûle en nous.
Cet espoir qui provient droit de la Providence,
Cet espoir, force en nous, confort dans les souffrances,
Ranime quand on est à bout.

Don subtil qui soutient, preuve de Sa merci,
Il se tient là solide à défaut de sursis
À soutenir l'âme aux abois
Et il lui tend bouée quand tout est incertain,
Donne force et motif aux lueurs du matin.
Calmant l'âme dans son émoi.

Alors demain encor, quand reviendra le jour,
Je saurai de mes rêves suivre le parcours,
Tout cela grâce à mon espoir
Qui me viendra tout droit de Sa miséricorde
Assura mon chemin avec Ses fortes cordes
Allégeant peines et déboires.

Quand l'ennemi s'acharne à tout nous dérober
Et de ses tentations il vient nous enrober
Nous faisant de vides promesses,
Nous restons proies faciles, et nous perdons le nord.
Mais là encore l'Esprit imbu de notre sort
Nous fait part de force et richesses.

On est jamais tout seul dans nos luttes obscures
Avec l'aide d'en-haut la réussite est sûre
Car vraiment rien n'égale Dieu.
L'espoir qui brule en nous là encore fait comprendre
Malgré la gravité du cas, qu'il faut attendre
Car l'aide vient toujours des Cieux.

Alors vivons donc frères, reposés, rassurés
Que notre divin Père, Lui qui nous a juré
D'être avec nous toute la vie,
Et pour notre salut, marcha sur notre terre,
Sa miséricorde nos misères fait taire,
Semant partout Son Saint-Esprit.

Souvent on ignore de l'ennemi l'ardeur.
Sa haine est insondable dans sa profondeur.
Et il s'acharne à tout moment.
Donc pauvre et démuni est celui qui néglige
À la Vigne de joindre à tout instant sa tige
Pour recevoir vin et froment.

Quand demain pointera révélant sa claire aube,
Comme au jour sa beauté, tout ce qu'on me dérobe
Me reviendra sur les genoux
Car au fond de mes nuits, à mon sombre horizon
Pointe toujours l'espoir qui met au diapason
Mon âme que l'ennemi noue.

Mère Du Seigneur

Mère du Seigneur, Vous êtes toute pure
Sans tâche et sans péché
Le mal en Vous n'est point entré
Dieu Vous préserva de toute flétrissure
La neige a moins d'éclat
Que Vous, Vierge sans souillure.

Nous Vous acclamons, Reine des Cieux
Nous Vous aimons, Mère de Dieu
Immaculée, ô toute belle !

Mère du Seigneur, Vous êtes toute belle
Plus claire que le jour,
Dieu Vous aime depuis toujours.
Il Vous couronna d'une gloire immortelle
Vous donnant pour enfant
Son Fils, lumière éternelle.

Mère du Seigneur, Vous que rien ne surpasse,
Etoile au firmament,
Guidez vers Dieu nos pas tremblants.
Cœur plein de bonté, amour que rien ne lasse
Sauvez-nous de l'enfer
De l'éternelle disgrâce.

Mère du Seigneur, régnez en Souveraine
Des bords du Saint Laurent,
De l'océan à l'océan.
Fiers de Vous servir, ô très puissante Reine
Nous voulons en tous lieux
Etendre votre Domaine.

Mère du Seigneur, ô Vierge couronnée
Dans l'éclat du soleil
De notre foi sonnez l'éveil,
Contre le serpent, rassemblez vos armées
Que règne Jésus-Christ
Par Vous, Vierge immaculée!

Dictons mémorables

J'ai comme une date d'expiration
Plaquée sur mes élans de cœur.
Dieu sait quelle grande affliction
J'éprouve quand en arrive l'heure.

✱✱✱

La tendresse à l'amour, telle au cœur les battements;
L'un de l'autre, la source, tel farine et froment.

✱✱✱

Aimer
C'est sourire,
Cesser
C'est mourir

✱✱✱

Le doute à l'amour lui coupe le souffle.

✱✱✱

Quand fleurit la rose, s'allonge l'épine.

Plaisirs d'amour,
C'est bien trop court,
Chagrins d'amour
Durent toujours.

www.ingramcontent.com/pod-product-compliance
Lightning Source LLC
LaVergne TN
LVHW041708070526
838199LV00045B/1251